認識咒語

林光明◎著

Preface by Prof. Dr. B. Mukherjee

The present work is a collection of mantras reconstructed in Sanskrit from Chinese.

The term "mantra" can be analysed into component elements-"mans"(to think) and the verbal root trā (to rescue). So the term mantra may be understood as that which saves if meditated upon.

The reconstruction of these mantras has been done with great care by the author Mr. Tony Lin. In order to edit these mantras satisfactorily, Mr. Lin studied the fundamentals of the standard Sanskrit grammar and the Buddhist Sanskrit grammar with me. On linguistics problems, he often held discussion with me.

In this book, much of the restored text has been translated into modern Chinese. This fills up a long-felt lacuna, for the old Chinese rendering was done phonetically. For the first time the devotees would be able to recite the mantras according to the original sound and also have some idea about the meaning of the mantras. We believe that this would help them spiritually, due to correct pronunciation should bring better results.

In the Tibetan literature, we have parallels to the effort of our author to restore the original sound of the mantras. The old Tibetan mantra "om mani beme hong" is now-a-days written as "oṃ maṇi padme hūṃ".

At present the Chinese rendering of the mantras is pronounced differently in different parts of the Chinese speaking world, we believe that if the devotees follow the Sanskrit pronunciation, the mantras will be recited in the same way everywhere.

Prof. Dr. Biswadeb Mukherjee

Nov.1, 2000

穆克紀教授(Prof. Dr. B. Mukherjee)簡歷：

印度人

德國歌廷根大學哲學博士

曾任印度國際大學教授

現任中華佛學研究所研究員

爲世界知名佛學研究者

穆序認識咒語

本書是收集各種回翻自漢字音譯本的梵文咒語集。

梵文的mantra（咒語）一詞，可分析成其組成元素mans與trā的字根，前者意思是想(to think)，後者是救護(rescue)，因此mantra一詞可解釋成「依之冥想(meditate)可得救護」。

本書的作著林先生在回翻的過程中盡了很大的心力，為了能取得滿意的結果，林先生跟著我研讀了標準梵文文法與佛教梵文文法的基礎知識，在回翻的過程中在語言的問題方面他也經常與我討論。

本書所收的回翻梵文大半都附有現代漢文意譯，由於傳統漢譯咒語皆採用音譯，這種做法彌補了此一大缺口。這可能是持咒者第一次可以用原來的梵音來持誦咒語，同時也對咒語的意義有所瞭解。我們相信這種做法對持咒者在靈修上有所助益，因為正確的發音應會帶來更佳的效果。

在藏文的文獻裏，我們也可發現與本書作者努力的方向類似的做法，來重建咒語的原音。在西藏盛行已久的咒語 om mani beme hong（〈六字大明咒〉）近年已經改寫成oṃ maṇi padme hūṃ 。

目前漢字音譯的咒語在各種不同的漢語使用區會有不同的念法，我們相信持咒者若能依梵文發音，則各地使用者可用相同的方式念誦咒語。

穆克紀

2000.11.1

自　序

近年在工作之餘陸續寫了一些有關梵文咒語的文章，先後刊登在法鼓山的《人生》雜誌、十方禪林的《十方》雜誌、妙心寺的《妙心》雜誌，以及慧炬出版社的《慧炬》雜誌。這種以現代梵文羅馬拼音、結構分析及解釋咒語意義爲主導的寫作方式，在讀者尤其是新一代的佛法學習者中，引起了極大的回響。因此當人生雜誌的辜琮瑜小姐與王尙智先生，提案希望將這些文章輯成一書單獨出版時，我覺得只要對部份需要它的讀者有益，就値得出版，因此欣然同意。

藉此機會，讓我解釋一下這種寫作方式的背景及理由：

一、梵文羅馬拼音

傳統的漢譯咒語，是以翻譯當時使用的漢字發音來音譯，若以當時的發音來念誦，當然極接近原梵文。不過漢字的發音自漢唐至今有相當程度的改變，有些字以今天國語的發音法去念漢唐時期的音譯，會有差異乃是理所當然的。因此我會建議採用將當年的音譯回翻成的梵文轉寫成羅馬拼音，再以正式或近似的梵文發音來念誦此梵文咒語。這種方式應該能回到翻譯時代的梵文標準讀法。而以正確的梵文發音來念誦咒語，相信效果也必然比較好，雖然從很多故事裏我們知道，只要有誠心與信心，發音稍微偏離正確原音也沒有什麼大關係。

在使用漢譯本咒語的地區如中、日、韓、越，以及歐美部份將漢譯再轉寫成羅馬拼音的地區，目前在集體持誦咒語時的情形是各自念各自的調，相互間完全不知道對方現在念的是同一咒語。在台灣的情形是同時在念〈大悲咒〉，國語念法的人聽不懂台語念法的人在念什麼，反之亦然。

以前在沒有梵文羅馬拼音的工具、也沒有適當的梵文咒本時，這些情形情有可原，但隨著教育的普及，目前幾乎人人能念羅馬拼音，對新一代的學習者來說，用它來學習應該是最簡易快速的方法。

由於交通的快速及通信的便捷，地球村已逐漸成型，在不久的將來，全世界的佛教徒會使用共通的法本來念誦同一咒語，乃指日可期的事。我相信屆時所有標準法本中所用的咒語文字，一定會回到原來的標準梵文，而且也一定會用羅馬拼音，而非梵文的天城體或悉曇體乃至藏文來書寫。這是大勢所趨，任何對趨勢有研究的讀者相信都能推論出同一結論。

從近年藏傳佛教在歐美各國以各種外文書寫的書本中，也可看出這種轉變：早期以藏文發音轉寫成的咒語，近年都改成標準梵文，最有名的例子是〈六字大明咒〉的拼音自 om mani beme hong 的藏文發音，改成 oṃ maṇi padme hūṃ 的標準梵文拼音。

二、結構分析

咒語的組成方式有一定的結構，利用結構分析的方法很容易瞭解咒語的組成及意義，能幫助讀者快速學會並背熟咒語。

三、解釋咒語意義

我很尊重咒語不必解釋的傳統，但對懂梵文的人來說，只要一聽到咒語的內容，自然就能瞭解其意義。瞭解意義在學習的過程中，對理解與記憶皆有莫大助益。對新一代學習者來說，言談間夾雜幾個英文或日文單字乃司空見慣的事，對他們而言，多學幾個外文如咒語中的專有名詞實屬輕而易舉。只要解釋每一字詞的意義，學習起來自然會快速且得心應手。

本書所收文章每篇篇幅不長，份量剛好足夠刊載在一期雜誌上。讀者可能會猜想：撰寫一篇文章的時間只要幾個小時就夠了。事實上有些文章內容醞釀而成所需的時間相當長久。例如415字型漢字大悲咒，該文事實上是我花了數年時間先後撰寫了兩本《大悲咒研究》的內容精要。而為了出版此兩本各約有五百頁的大悲咒研究，我大概翻遍了世界各地所有大悲咒的相關資料，並逐字逐句推敲，才能推出本文。由於各文篇幅的關係，我不能附上所有各種可能的不同型式的重建梵文（reconstructed Sanskrit），我不敢說本書各文所收梵文絕對正確，但各文所收梵文內容的確是廣泛參閱多種資料，深思熟慮、精雕細琢後的結果。

本書能出版，首先要謝謝藍吉富教授多年來隨時不吝指教，其次要謝謝穆克紀教授(Prof. Dr. Biswadeb Mukherjee)對梵文的指導。穆教授是印度人，是德國歌廷根大學(Goetingen University)哲學博士，曾任印度國際大學教授，現任中華佛學研究所研究員，是國際知名的佛學者，在此也謝謝他特別爲本書寫序文。再次要謝謝內人陳慧珍小姐，她是位天主教徒，但十多年來在經濟上毫無限制地資助我做佛學的資料收集、研究與出版。最後要謝謝在本書編輯以及各文書寫的過程中所有曾經幫助我的朋友。沒有以上的幫助，本書是不可能完成的。

林光明

2000.10.18

目 錄

穆序認識咒語……………………穆克紀 003

自序……………………………………007

來自觀音的祝福

大悲咒 一小時就能學會……………………015

心經中的咒語 大智慧到彼岸……………………035

準提咒 改變命運不求人……………………047

深入如來的音聲海

往生咒 與阿彌陀佛相遇……………………057

藥師灌頂眞言 除病離苦人安樂……………………071

光明眞言 開發自性得光明……………………083

響徹香格里拉的咒聲

十一面觀音咒　西藏高原的大悲咒……………………093
文殊五字咒　開啓眞正的智慧……………………………105
百字明　掃除修行上的障礙………………………………115

圓滿所求的陀羅尼

如意寶輪王陀羅尼　有求必應……………………………135
消災吉祥神咒　消災免難眞歡喜…………………………145
毗沙門天王咒　發財聚寶…………………………………155
附錄：咒語的解謎者—林光明……………辜琮瑜　165

來自觀音的祝福

一小時就能學會

大 悲 咒

我常開玩笑說，在台灣有個人人會念的美容咒，可讓女人變美、男人變帥，其漢字音譯是：「特拉斯特米油肯美克伊特。」反應快且懂英文的人，馬上就知道此句是英文的Trust me, you can make it.，意思是：「相信我，你辦得到。」瞭解其意義後，當下任何人都能立刻學會，並背誦此美容咒。

從意義著手背誦咒文

漢字音譯本的佛教咒文，情形應與此類似。對懂梵文的人來說，咒文內容可能全部或部份會有意義。對新一代的學習者來說，解釋咒文的意義並做結構分析，對咒文的學習與記憶，應該很有幫助，能讓人很快學會並背熟咒文，立即享受持誦咒文的功效。

翻開歷代持驗錄可見到，拔苦救難、驅魔避邪，最有效的咒語是〈大悲咒〉。本咒是佛教徒早晚必誦的二個咒語之一，自西元655年左右譯出以來，就一直廣受中、日、韓等國人們的喜愛與誦持。

從近年來多次在美、台、大陸、星馬，包括美東莊嚴寺、美西法印寺、西方寺、台灣的法鼓山、佛光山等地，講授如何快速學背梵文大悲咒的經驗，我發覺只要用對方法，絕大多數的人，皆能在一小時以內學會大悲咒，並背下六、七成的內容。之後若再稍加練習，最多一週內，全本大悲咒一定能朗朗上口。

雖然對認得英文字母、能做羅馬拼音的新學習者來說，我覺得最簡便，也許效果也最好的方法，是學背梵文大悲咒。但我也贊同，不論用那種語言去念此咒，只要有誠心、信心與專心，其功效皆相同。因此用國語、台語、任何方言，甚至用日、韓方式的發音，去念漢字音譯大悲咒，我都贊成。本快速學習法的原則，可適用於任何發音方式的84句型大悲咒。

大悲咒快速學習法

用本方法快速學會大悲咒的竅門只有二點：一是結構分析與解釋咒文意義，將全咒依內容分成五段來學習與記憶；二是找出重覆使用的十四個關鍵字，念熟這些字就能背下大半的大悲咒。茲依序說明如下：

一、結構分析與咒文意義：

型式完整的咒語，其內容大致可分成五段，84 句型大悲咒的情形是：

歸敬文	：第 1 ～ 17 句
即說咒曰	：第 18 句
咒語中心內容	：第 19 ～ 47 句
祈願祝禱文	：第 48 ～ 75 句
結尾文	：第 76 ～ 84 句

歸敬文 第 1 至第 17 句

namo ratna-trayāya(1) nama āryā-(2) valokite-śvarāya(3)
bodhi-sattvāya (4) mahā-sattvāya(5) mahā-kāruṇikāya(6)
南無 喝囉怛那 哆囉夜耶(1) 南無 阿唎耶(2)
婆盧羯帝爍鉢囉耶(3) 菩提 薩埵婆耶(4) 摩訶 薩埵婆耶(5)
摩訶 迦盧尼迦耶(6)

首先是第 1 ～ 6 句，此六句在觀世音菩薩系統咒語中很常見，意思是：「歸命三寶(1)，歸命聖（2）觀自在（3）菩薩（4）摩訶薩（5），大悲者（6）。」(此處每句後括弧內的數字表示在 84 句中的對應句數，以下皆同。)

oṃ(7) sarva-raviye(8) sudhanadasya(9) namas-kṛtvā imam āryā-(10)
valokite-śvara-raṃdhava(11) namo narakindi(12)
hrīḥ mahā-vāt-svāme(13) sarva-arthato-śubhaṃ(14) ajeyaṃ(15)
sarva sat nama vaṣaṭ namo vāka(16) mavitato(17)
唵(7) 薩皤 囉罰曳(8) 數怛那怛寫(9)
南無悉 吉栗埵 伊蒙 阿唎耶(10)婆盧吉帝 室佛囉 楞馱婆(11)
南無 那囉謹墀(12) 醯唎 摩訶 皤哆 沙咩(13)
薩婆 阿他豆 輸朋(14) 阿逝孕(15)
薩婆 薩哆 那摩 婆薩哆 南摩 婆伽(16) 摩罰特豆(17)

其次是由咒語常見的「唵」引導的第7至17句，意思是：「唵（7）！善布施者之一切祝禱(8、9)！禮敬之後，這位聖觀自在，幸福歡樂尊者(10、11)，禮敬青頸觀音（12）。醯利！偉大之主（13），一切皆美好（14），無能勝者（15）！禮敬一切眾生，低吟『婆娑』與『南無』（16），遠離束縛（17）。」

即說咒曰 第18句

tadyathā
怛姪他

看到一個咒語，最好提綱契領，首先找出「怛姪他(tadyathā，怛地夜他)」這一句。此句在玄奘漢譯《心經》中譯成「即說咒曰」，是咒語內容的重要分水嶺。在型式完整的咒語裏，此句之前是歸敬文，此句之後是咒語的中心內容。（婭在台語仍念做dy或dya，因此在本咒漢譯本裏，這句話對應當時的發音是個正確的音譯。）

中心內容 第19至47句

oṃ avaloki(19) lokate(20) krate(21) e hrīḥ(22) mahā-bodhisattva(23)
sarva sarva(24) mala mala(25) mahima hṛdayaṃ(26)
kuru kuru karmaṃ(27) dhuru dhuru vijayate(28) mahā-vijayate(29)
dhara dhara(30) dhṛnī-(31) śvarāya(32) cala cala(33) mama vimala(34)
muktele(35) ehi ehi(36) śina śina(37) ārṣaṃ prasari(38) viśva viśvaṃ(39)
prasaya(40) hulu hulu mara(41) hulu hulu hrīḥ(42) sara sara(43)
siri siri(44) suru suru(45) bodhiya bodhiya(46) bodhaya bodhaya(47)
唵 阿婆盧醯(19) 盧迦帝(20) 迦羅帝(21) 夷 醯唎(22)
摩訶 菩提薩埵(23) 薩婆 薩婆(24) 摩囉 摩囉(25)
摩醯摩 醯唎馱孕(26) 俱盧 俱盧 羯蒙(27)
度盧 度盧 罰闍耶帝(28) 摩訶 罰闍耶帝(29) 陀囉 陀囉(30)
地唎尼(31) 室佛囉耶(32) 遮囉 遮囉(33) 麼麼 罰摩囉(34)
穆帝隸(35) 伊醯 伊醯(36) 室那 室那(37)
阿囉參 佛囉舍利(38) 罰沙 罰哆(39) 佛囉舍耶(40)
呼盧 呼盧 摩囉(41) 呼盧 呼盧 醯利(42) 娑囉 娑囉(43)
悉唎 悉唎(44) 蘇嚧 蘇嚧(45) 菩提夜 菩提夜(46)

菩馱夜　菩馱夜(47)

在「即說咒曰」之後，是咒語的中心內容，此段是一個咒語的最重要部份。大悲咒在此部份，有十七組連續出現的重覆字，念起來很順口，聽起來很悅耳，多念幾次就可輕易地背熟。(請參閱本文提及關鍵字部份)。有些字有確定意義，有些字可能只取其音效。而各家對此段意思的解釋，也有相當大的差異。

此段的意思是：「唵！觀照此世間者(19、20)！禮拜(21)！誒！醯利(22)！大菩薩(23)！一切，一切(24)！染污，染污(25)！偉大的心(26)！作吧，作此業(27)！堅守，堅守！勝利者(28)，大勝利者(29)！堅持，堅持(30)！總持(31)自在者(32)！去吧，去吧(33)！我純淨的(34)解脫(35)！來吧，來吧(36)！室那，室那(37)！賢哲之事物傳播流佈(38)，充滿世界，充滿世界(39)！征服(40)！呼嚧，呼嚧，往生(41)！呼嚧，呼嚧，醯利(42)！娑囉，娑囉(43)！悉利，悉利(44)！蘇嚧，蘇嚧(45)！悟覺，悟覺(46)！覺悟吧，覺悟吧(47)！」

祈願祝禱文　第48至75句

maitreya(48) narakindi(49) dhṛṣṇina(50) bhayamana(51) svāhā (52) siddhāya(53) svāhā(54) mahā-siddhāya(55) svāhā(56) siddhā-yoge-(57) śvarāya(58) svāhā(59) narakindi(60) svāhā(61) māraṇara(62) svāhā(63)

śira siṃha mukhāya(64) svāhā(65) sarva mahā-asiddhāya(66) svāhā(67)
cakra-asiddhāya(68) svāhā(69) padma - kastāya(70) svāhā(71)
narakindi-vagalāya(72) svāhā(73) mavari śaṅkharāya(74) svāhā(75)

彌帝唎夜(48) 那囉謹墀(49) 地利瑟尼那(50) 波夜摩那(51)
娑婆訶(52) 悉陀夜(53) 娑婆訶(54) 摩訶 悉陀夜(55)
娑婆訶(56) 悉陀 喻藝(57) 室皤囉夜(58) 娑婆訶(59)
那囉謹墀(60) 娑婆訶(61) 摩囉那囉(62) 娑婆訶(63)
悉囉 僧阿 穆佉耶(64) 娑婆訶(65) 娑婆 摩訶 阿悉陀夜(66)
娑婆訶(67) 者吉囉 阿悉陀夜(68) 娑婆訶(69)
波陀摩 羯悉哆夜(70) 娑婆訶(71) 那囉謹墀 皤伽囉耶(72)
娑婆訶(73) 摩婆利 勝羯囉夜(74) 娑婆訶(75)

一般咒語只在結尾文部份，使用一次「娑婆訶」；但大悲咒很特別，其祈願祝禱文部份，使用了十二次「娑婆訶」。

此部份可再分成兩段：首先由第48、49句的「彌帝唎夜那囉謹墀」開始，向本咒的主角「仁慈的青頭觀音」呼籲；接著是連續十二次的「娑婆訶」，藉念誦大慈大悲千手千眼觀世音菩薩之不同「名號與形象」，向他祈求。意思是：「仁慈的（48）青頭觀音（49）！勇猛者（50）！令人敬畏的心（51）！娑婆訶（52）！成就者（53）！娑婆訶（54）！大成就者（55）！娑婆訶（56）！成就瑜伽自在者（57、58）！娑婆訶（59）！青頭觀音（60）！娑婆訶（61）！破壞者（62）！娑婆訶（63）！具獅頭獅面者（64）！娑婆訶（65）！一切大成就者（66）！娑婆訶（67）！法輪成就者（68）！娑婆訶（69）！手持蓮花者（70）！娑婆訶（71）！青頸觀音皤伽囉（72）！娑婆訶（73）！無數的法螺（74）！娑婆訶（75）！」

結尾文

namo ratna-trayāya(76) nama āryā-(77) valokite-(78) śvarāya(79) svāhā(80) oṃ sidhyantu(81) mantra(82) padāya(83) svāhā(84)

南無 喝囉怛那 哆囉夜耶(76) 南無 阿利耶(77) 婆羅吉帝(78) 爍皤囉夜(79) 娑婆訶(80) 唵 悉殿都(81) 漫多囉(82) 跋陀耶(83) 娑婆訶(84)

本咒於十二次的「娑婆訶」之後，以與歸敬文部份之第1、2、3句完全相同的經文，再次：「向三寶（76）及聖觀（77）、（78）自在（79）禮敬！」

最後用第81至84句的：「唵！成就（81），咒語（82），文句（83），娑婆訶（84）！」「祈求本咒成就」而結束此咒。

茲列出完整的附有84句號的梵文大悲咒（詳見文末附表）。

二、關鍵字：

本咒有許多一再出現的關鍵字，只要記得此十四字，就可記下大悲咒一半以上的內容，讀者最好能參照上文或84句分句本大悲咒，配合本文逐句對照。

娑婆訶(svāhā)

此字是咒語的常用結束語，意思是吉祥、圓滿。印順導師說此字大約相當於基督教系統中的「阿門」，是對現代人最簡易、最佳的解釋。此句自第52句至84句共出現14次，分別在52、54、56、59、61、63、65、67、69、71、73、75、80及第84句。學會此句，本咒84句就已通14句。

南無(namo)

此字是禮敬的意思，出現在第1、2、10、12、76及第77句，六次皆爲「南無」。另外在第16句中出現的是「那摩」與「南摩」。

南無 喝囉怛那 哆囉夜耶 (namo ratna-trayāya)

此字是禮敬（南無）三（哆囉夜耶）寶（喝囉怛那）的意思，出現在第1句及第76句。

阿唎耶(āryā-)

此字是聖的意思，出現在第2、10及第77句，三次皆接在「觀自在」之前。

婆盧羯帝爍鉢囉耶(valokite-śvarāya)

此字是觀（〔阿〕婆盧羯帝）自在（爍鉢囉耶）的意思，出現在第3句、11句及第78、79句。

爍鉢囉耶(śvarāya)

此字是自在的意思，在本咒中共出現五次，出現在第3

句為「爍鉢囉耶」、第11句為「室佛囉」、第32句為「室佛囉耶」、第58句為「室皤囉夜」、第79句為「爍皤囉夜」，五次前後漢譯用字稍有不同，但音近似。

菩提薩埵(bodhi-sattvāya)

此字簡稱菩薩，是覺悟（菩提）有情（薩埵）的意思，出現在第4句是「菩提薩埵」，第23句是「摩訶菩提薩埵（大菩薩）」。另外第5句的「摩訶（大）薩埵（有情）婆耶」，常音譯為摩訶薩，是「大士」的意思。

唵(oṃ)

此字是咒語中心內容部份常見的起始句，在本咒中出現在第7、19及第81句。

摩訶(mahā)

此字是大的意思，出現在第5、6、13、23、29、55及第66句。

薩皤(sarva)

此字是一切的意思，出現在第8句為「薩皤」，第14、16句及第24句的兩次為「薩婆」，第66句為「娑婆」，前後六次所用漢字稍有不同，但音近似。

那囉謹墀(narakindi)

此字是青頸觀音的意思，出現在第12、49、60及第72句。

醯唎(hrīḥ)

此字是觀世音菩薩與阿彌陀佛的種子字，出現在第

13 、 22 及第 42 句。

呼盧(hulu)

此字可能有「快一點」、「趕快」的意思，出現在第41及第42句各二次。

悉陀夜(siddhāya)

此字是成就的意思，出現在第53 、55及第57句。另外相關的字在第66、68句爲「阿悉陀夜」、第81句爲「悉殿都」。

除了以上十四字，前文提及在中心內容部份,有十七組連續重覆出現的字，念起來很順口，聽起來很悅耳，也可將它們當做另一種關鍵字。

十七組連續重覆的關鍵字：

第 24 句：「薩婆 薩婆（sarva sarva 一切 一切）」。

第 25 句：「摩囉 摩囉(mala mala 染污 染污)」。

第 27 句：「俱盧 俱盧（kuru kuru 作吧 作吧）」。

第 28 句：「度盧 度盧（dhuru dhuru 堅守 堅守)」。

第 28 、 29 句：「罰闍耶帝 摩訶罰闍耶帝（vijayate mahā-vijayate 勝利者 大勝利者）」。

第 30 句：「陀囉 陀囉（dhara dhara 堅持 堅持)」。

第 33 句：「遮囉 遮囉（cala cala 去吧 去吧）」。

第 36 句：「伊醯 伊醯（ehi ehi 來吧 來吧）」。

第 37 句：「室那 室那(śina śina)」。

第 39 句：「罰沙 罰嚟(viśva viśvaṃ)」。

第41、42句：「呼嚧 呼嚧(hulu hulu)」各二次。

第43句：「娑囉 娑囉(sara sara)」。

第44句：「悉唎 悉唎(siri siri)」。

第45句：「蘇嚧 蘇嚧(suru suru)」。

第46句：「菩提夜 菩提夜(bodhiya bodhiya 悟覺 悟覺)」。

第47句：「菩馱夜 菩馱夜(bodhaya bodhaya 覺悟吧 覺悟吧)」。

看完以上的說明，我相信讀者已能藉著本咒的結構分析與關鍵字，記下過半的大悲咒。只要將咒語的其餘內容，再誦讀幾次，相信很快就能背下完整的84句415字大悲咒。祝福讀者早日背熟大悲咒，開始經常持誦，享受此救苦救難效果最佳的咒語的功效。

大悲咒的心咒

在現代繁忙的工商社會裏，面對數量驚人的種種資訊，修行人每日可用來持咒與修行的時間極爲有限。誦持簡短的心咒，應該是這種問題的最佳解決方法。

最近誦持大悲咒的人非常多，每人每日都要計數念誦次數。一般人持一遍84句415字型大悲咒，約要一分半鐘，一小時只能持約四十次。但若誦持大悲咒的心咒，則一分鐘可持四十次以上。

照密教行者的說法，持一遍心咒之功德，與持一遍完整的咒語，乃至誦一遍完整的述說該咒語來源與功效等之經典，其功德相同。以大悲咒爲例，可說持一次大悲咒的心咒，與持一遍八十四句根本咒型的大悲咒，乃至誦一遍大悲心陀羅尼經，其功德都是相同的。

大悲咒心咒全文

悉曇梵文	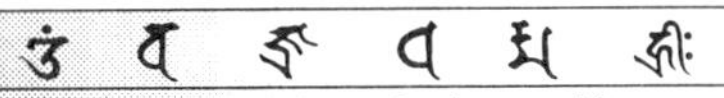			
通行漢音	唵	嚩日囉	達磨	紇哩
梵文拼音	oṃ	vajra	dharma	hrīḥ

唵(oṃ)是咒語常見的起始句；嚩日囉(vajra)意思是金剛；達摩(dharma)意思是法；紇哩(hrīḥ)是阿彌陀佛、千手千眼觀世音菩薩等多位佛菩薩的共通種子字。

使用此咒做大悲咒的心咒，在中、日、韓地區已行之長遠，例如《安樂妙寶》、東密的《覺禪抄》、台密的《阿娑縛抄》皆這麼用。而坊間或寺廟裏，流通量極大的所謂善書型的大悲咒經本或相圖本，也常見到在大悲咒本文後附上此大悲咒心咒。

大悲咒誦持法

我覺得，能常持根本咒型完整的84句415字大悲咒，當然最好；若實在無法背長咒，或因時間不夠只能持短咒，我建議可持心咒。

至於誦持法，我建議長短兼持，即每日早晨先持數次 84 句型415字的大悲咒，之後繼續持數百次大悲咒心咒，並在當天任何可持誦的時間，隨時隨地繼續持此心咒。

除了修大悲法門時，持誦此大悲咒的心咒外，此咒在日本另外還常用於二個與香及爐有關的用途：1.依其種子字做成的香粉印模，是每個寺廟或家庭在使用粉末香爐時必備的壓香印模，讓香末燒成此種子字之字型；2.一般圓型香爐蓋鏤空雕刻的悉曇字咒語，都是此咒的咒輪。

此二用法皆根據不空譯的《觀自在菩薩大悲智印週遍法界利益眾生薰眞如法》（T-20,1042,p.33a），該經中對咒輪及香印有明確的規定，茲附原經所載種子字型香印圖一種（圖一），及複製悉曇梵文咒輪圖（圖二）如下。

圖一：𑖮𑖿𑖨𑖱𑖾（hrīḥ，紇哩）

香印圖

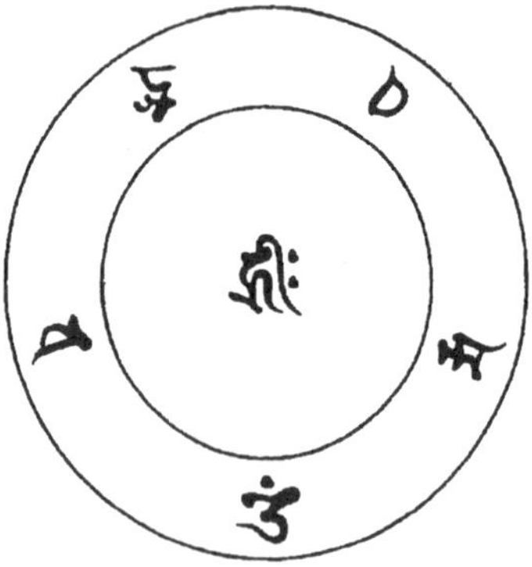

圖二：大悲咒心咒咒輪

鏤空香爐蓋

在此順便一提我在大悲咒教學中，最常遇到的兩個問題的看法：

一、八十四幅圖像本

關於坊間常見的八十四幅圖像本，我的態度是：若將它當成是學習、記憶過程中的輔助工具，則可用；若要解釋成每句的意思就是如圖像所畫，或說84句是八十四尊佛、菩薩的名號，則是不正確的。

理由很簡單，看完本文的內容，自然知道大悲咒84句的內容，大多數都有文字的意義，並不全是佛菩薩的名字或形相。

二、藏音版大悲咒

關於坊間最近非常流行的，只有153個漢字的所謂「藏音修行版大悲咒」。在漢語佛經使用區裏，此咒很少被稱爲大悲咒。此咒在漢文佛典裏，正式的名稱是〈十一面觀音咒〉。但在藏傳佛教裏，此咒卻常被當成大悲咒的長、中、短咒分類法裏的中咒。

該咒的詳細說明，請見本書十一面觀音咒該文。

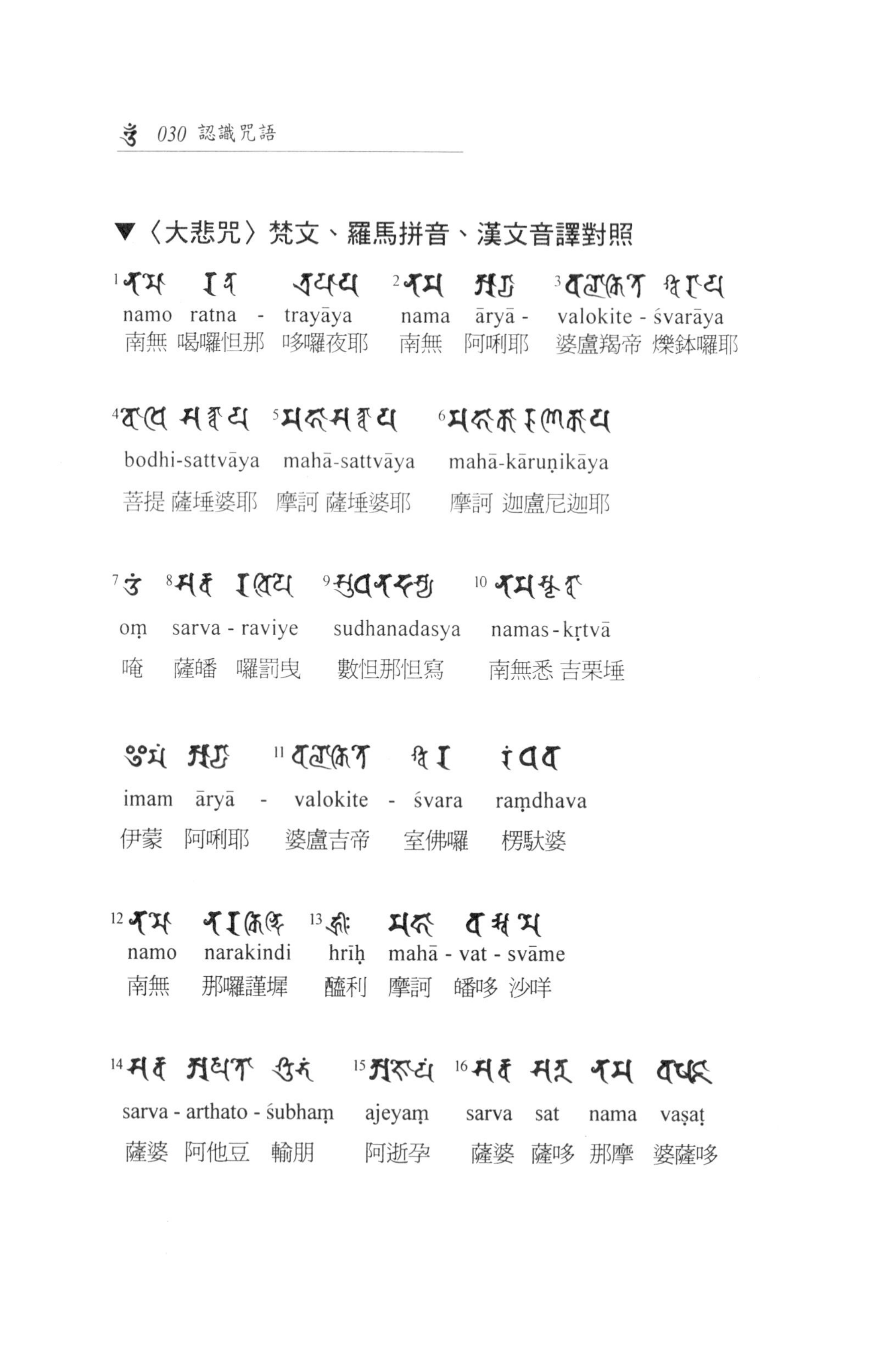

▼〈大悲咒〉梵文、羅馬拼音、漢文音譯對照

1 namo ratna - trayāya 2 nama āryā - 3 valokite - śvarāya
南無 喝囉怛那 哆囉夜耶 南無 阿唎耶 婆盧羯帝 爍鉢囉耶

4 bodhi-sattvāya 5 mahā-sattvāya 6 mahā-kāruṇikāya
菩提 薩埵婆耶 摩訶 薩埵婆耶 摩訶 迦盧尼迦耶

7 oṃ 8 sarva - raviye 9 sudhanadasya 10 namas - kṛtvā
唵 薩皤 囉罰曳 數怛那怛寫 南無悉 吉栗埵

imam āryā - 11 valokite - śvara raṃdhava
伊蒙 阿唎耶 婆盧吉帝 室佛囉 楞馱婆

12 namo narakindi 13 hrīḥ mahā - vat - svāme
南無 那囉謹墀 醯利 摩訶 皤哆 沙咩

14 sarva - arthato - śubhaṃ 15 ajeyaṃ 16 sarva sat nama vaṣaṭ
薩婆 阿他豆 輸朋 阿逝孕 薩婆 薩哆 那摩 婆薩哆

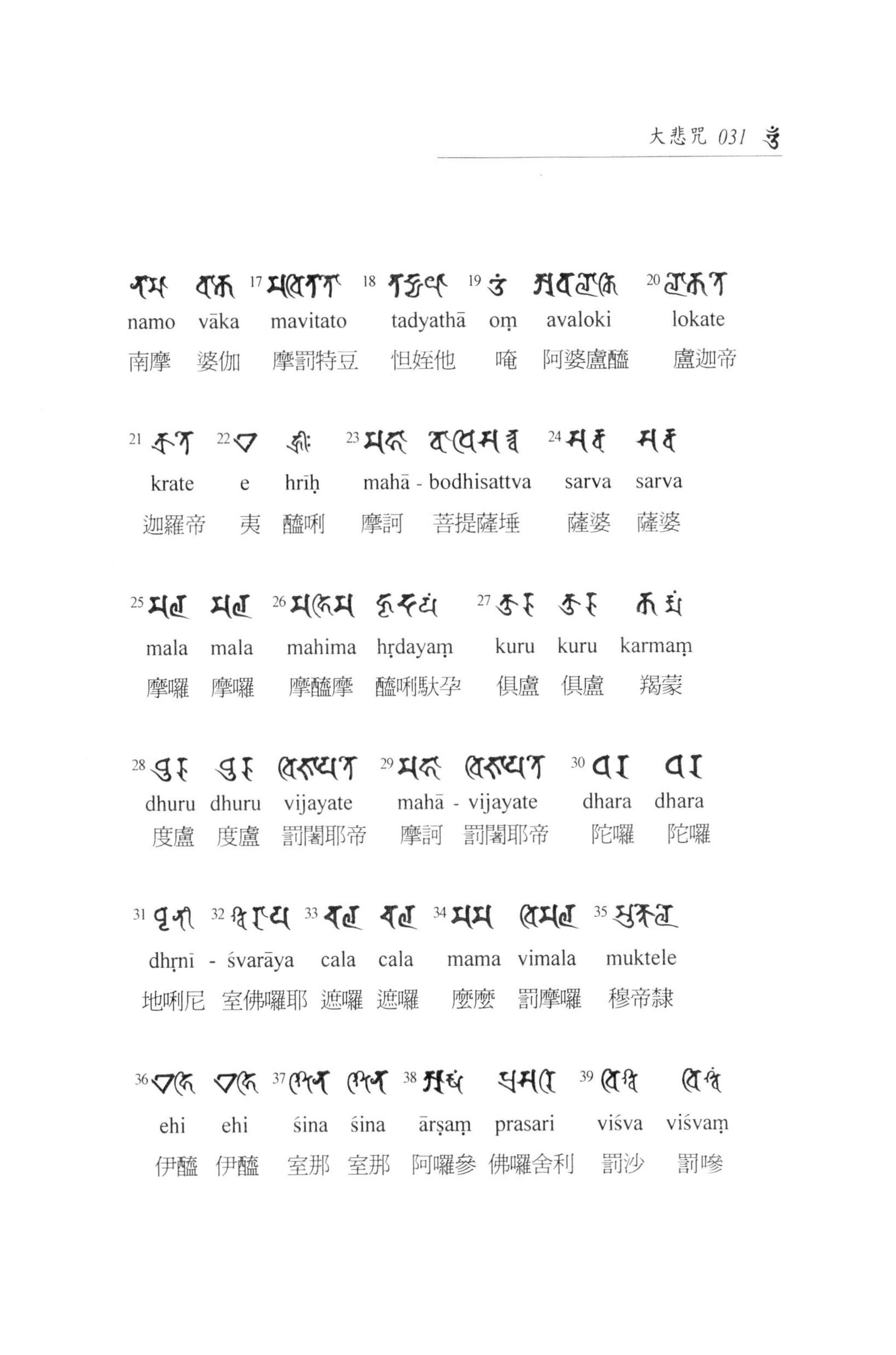

	17	18	19		20
namo vāka	mavitato	tadyathā	oṃ	avaloki	lokate
南摩 婆伽	摩罰特豆	怛姪他	唵	阿婆盧醯	盧迦帝

21	22		23		24	
krate	e	hrīḥ	mahā -	bodhisattva	sarva	sarva
迦羅帝	夷	醯唎	摩訶	菩提薩埵	薩婆	薩婆

25		26		27		
mala	mala	mahima	hṛdayaṃ	kuru	kuru	karmaṃ
摩囉	摩囉	摩醯摩	醯唎馱孕	俱盧	俱盧	羯蒙

28			29		30	
dhuru	dhuru	vijayate	mahā -	vijayate	dhara	dhara
度盧	度盧	罰闍耶帝	摩訶	罰闍耶帝	陀囉	陀囉

31	32	33		34		35
dhṛnī -	śvarāya	cala	cala	mama	vimala	muktele
地唎尼	室佛囉耶	遮囉	遮囉	麼麼	罰摩囉	穆帝隸

36		37		38		39	
ehi	ehi	śina	śina	ārṣaṃ	prasari	viśva	viśvaṃ
伊醯	伊醯	室那	室那	阿囉參	佛囉舍利	罰沙	罰嵾

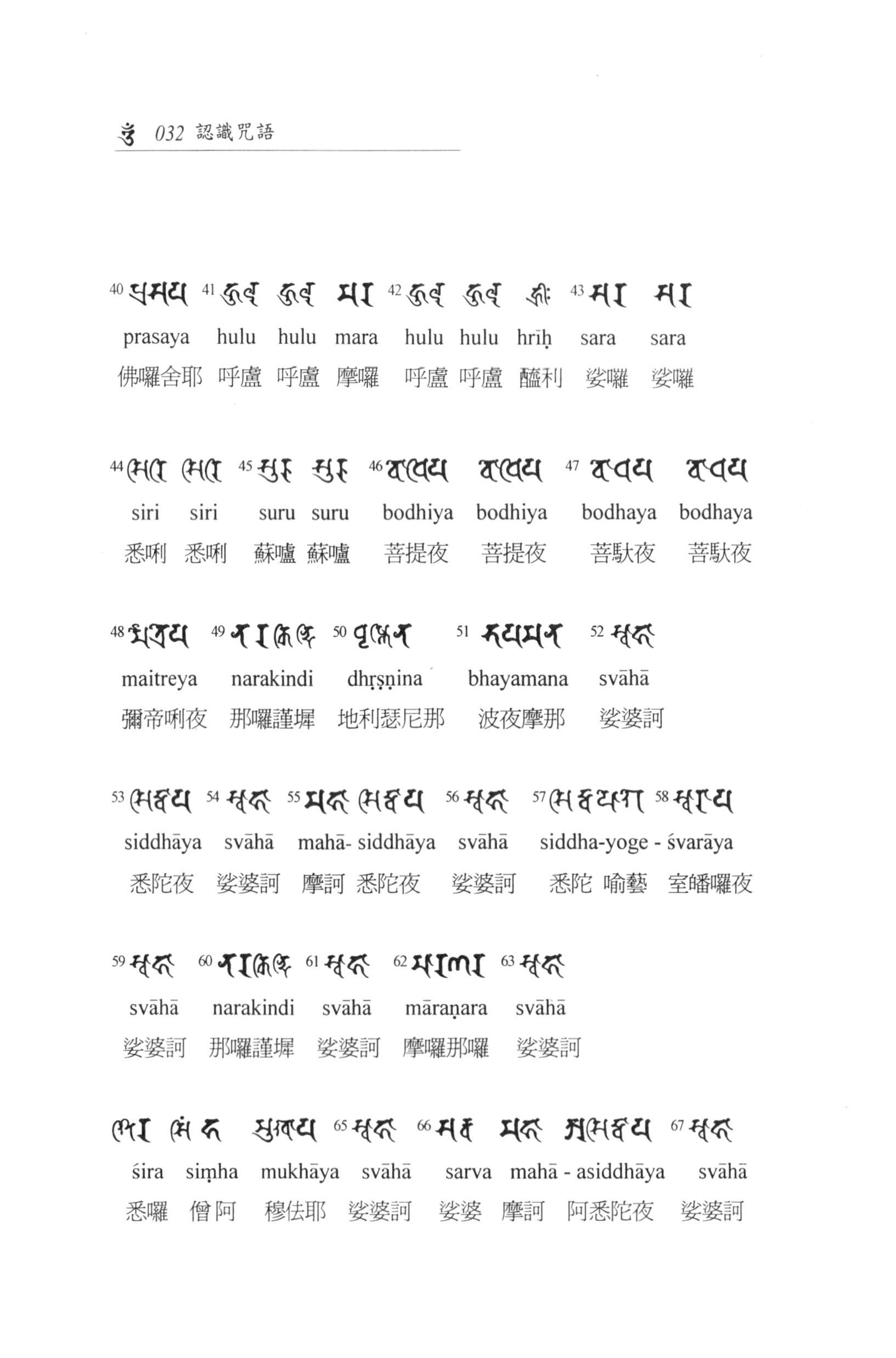

40 prasaya 41 hulu hulu mara 42 hulu hulu hrīḥ 43 sara sara
佛囉舍耶 呼盧 呼盧 摩囉 呼盧 呼盧 醯利 娑囉 娑囉

44 siri siri 45 suru suru 46 bodhiya bodhiya 47 bodhaya bodhaya
悉唎 悉唎 蘇嚧 蘇嚧 菩提夜 菩提夜 菩馱夜 菩馱夜

48 maitreya 49 narakindi 50 dhṛṣṇina 51 bhayamana 52 svāhā
彌帝唎夜 那囉謹墀 地利瑟尼那 波夜摩那 娑婆訶

53 siddhāya 54 svāhā 55 mahā- siddhāya 56 svāhā 57 siddha-yoge - 58 śvarāya
悉陀夜 娑婆訶 摩訶 悉陀夜 娑婆訶 悉陀 喻藝 室皤囉夜

59 svāhā 60 narakindi 61 svāhā 62 māraṇara 63 svāhā
娑婆訶 那囉謹墀 娑婆訶 摩囉那囉 娑婆訶

śira siṃha mukhāya 65 svāhā 66 sarva mahā - asiddhāya 67 svāhā
悉囉 僧阿 穆佉耶 娑婆訶 娑婆 摩訶 阿悉陀夜 娑婆訶

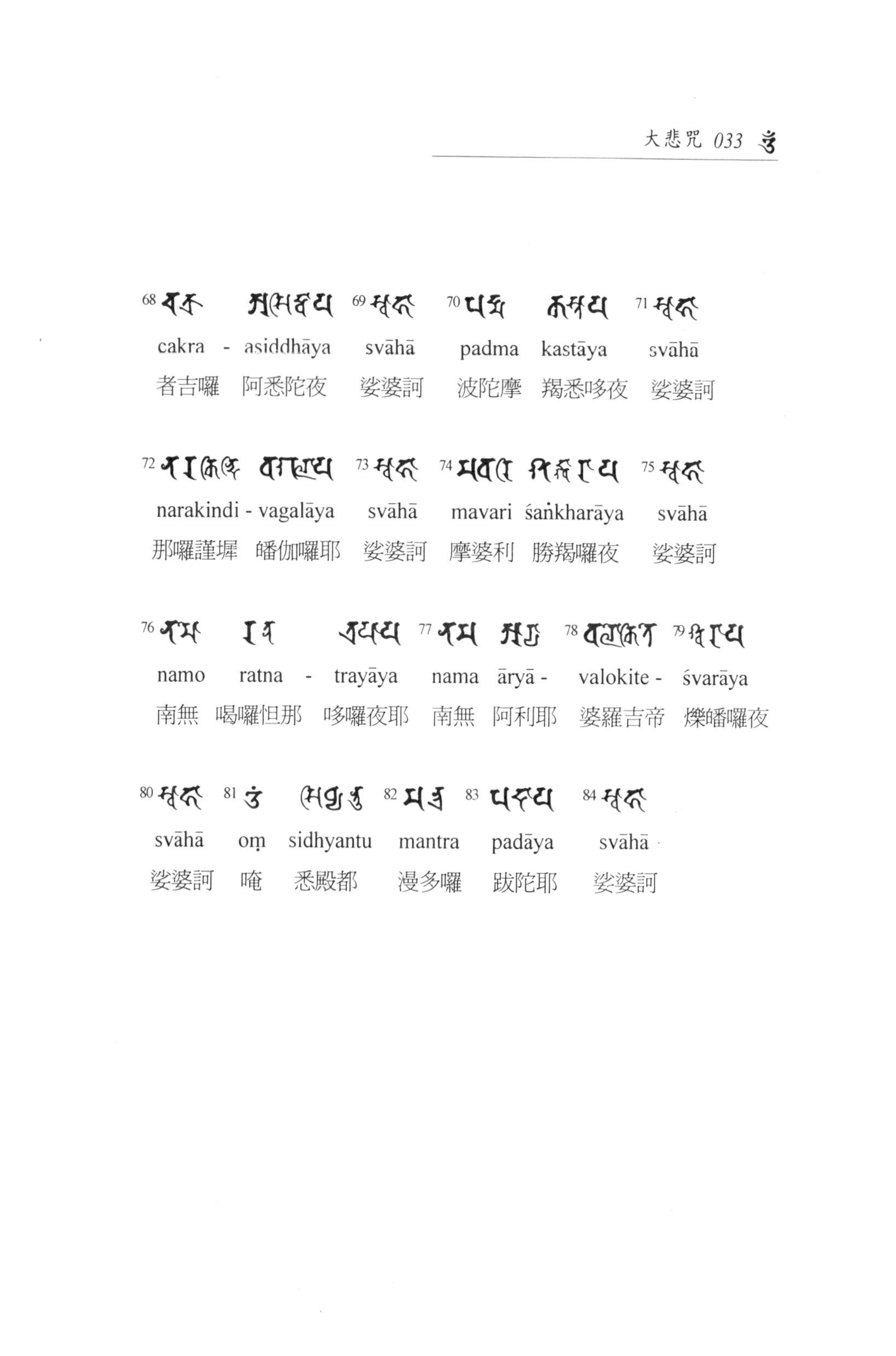

68 cakra - asiddhāya 69 svāhā 70 padma 71 kastāya svāhā

者吉囉 阿悉陀夜 娑婆訶 波陀摩 羯悉哆夜 娑婆訶

72 narakindi - vagalāya 73 svāhā 74 mavari śaṅkharāya 75 svāhā

那囉謹墀 皤伽囉耶 娑婆訶 摩婆利 勝羯囉夜 娑婆訶

76 namo ratna - trayāya 77 nama āryā - 78 valokite - 79 śvarāya

南無 喝囉怛那 哆囉夜耶 南無 阿利耶 婆羅吉帝 爍皤囉夜

80 svāhā 81 oṃ sidhyantu 82 mantra 83 padāya 84 svāhā

娑婆訶 唵 悉殿都 漫多囉 跋陀耶 娑婆訶

大智慧到彼岸

心經中的咒語

一般流通的佛經中，內容最短的是《心經》，它是歷代翻譯次數最多，也被轉譯成最多種語文的佛教經典，古今中外爲其釋義者，更是不勝枚舉。各種漢譯本中，以玄奘譯於西元649年的版本最爲流通，不僅漢地使用，日本、韓國、越南等地亦十分流通，並將其漢譯文，轉譯成當地語音而傳誦。歐美地區也有不少依玄奘漢譯本，轉譯成當地語文，供人讀誦，但也有一些直接譯自梵藏文本者。

此經不只爲佛教各宗派持誦，一般人及其他宗教信徒，研讀此經者也爲數不少。

心經版本

心經版本原有略（小）本、廣（大）本之分，玄奘所譯者爲略本，僅有正宗分；而廣本心經的內容則序分、正宗分、流通分三者皆具，如收錄於《大正藏》第八冊中的法月重譯本、般若共利言譯本、智慧輪譯本、施護譯本、法成譯本等即是。大致而言，漢、日、韓、越等地較通行略本，藏傳地區則多爲廣本。

現存此經的梵文本有尼泊爾所發現的廣本，及日本保存的各種傳寫的略本，其中最有名的是法隆寺本。西元1864年比爾(Beal)首先將玄奘漢譯本翻譯成英文。西元1884年穆勒(Max Mueller)與南條文雄校訂法隆寺梵本(略)及慧運梵本(廣)，西元1894年穆勒更將其譯成英文編入《東方聖書》。

在般若系經典中，雖常出現「大神咒」、「大明咒」、「無上咒」、「無等等咒」等字眼，但未曾見有咒語出現於經文中。如常見的漢譯《金剛經》中，就不見有任何咒語出現於經文中(雖然藏傳的金剛經在經文後有一段咒語)。不過，各版本的心經，在經文最後皆附有一段咒語。

大部份的人都認定，心經的內容主要來自《大般若經》，也有學者將心經的每一段出處詳細列出，但此心經的咒語並不見於大般若經中。

除心經以外，與心經咒語全同的咒語，尚可在阿地瞿多譯於西元653到654年的《陀羅尼集經》卷三的〈般若波羅蜜多大心經〉中見到，咒名是〈般若大心陀羅尼第十六咒〉(T-18, 901, p. 807b)，咒文是：「跢姪他　揭帝揭帝　波羅揭帝　波囉僧揭帝　菩提莎訶」，其用字與玄奘稍有不同。

雖然心經在歷史上，多半被當成是用來瞭解般若義理，所謂理知的或觀念的經典；不過也有不少密教信徒，將它當成是個咒語。如研究心經極出名的福井文雅就說，它主要是用來消災，即所謂陀羅尼用途的經典。而瓜生中與觀谷申博合著，出版於平成九年（西元1997年）的《般若心經的世界》一書更指出：在最近的研究中，已瞭解到心經是以避魔等咒術的目的爲主的經典。顯密各取所需，都宣稱心經是他們的重要經典，如此皆大歡喜，倒是個不錯的結果。

心經的咒語

一般咒語的內容，常爲部份有文字意義，而部份無文字意義；但心經咒語的每個字，皆有清楚的文字意義。

以下選取幾種不同語文版本對照。第6項是般若學的權威孔睿（Edward Conze）英譯本，第7項是中村元與紀野一義的日譯本，第8項是蘇曼（Hans Wolfgang Schumann）的德譯本。這些版本都是較具代表性的現代心經譯本著作。日本的佛學泰斗中村元教授不幸於1999年10月10日往生，在此引用他的資料，睹書憶人，不甚唏噓。

通行本的咒語內容是：「揭諦 揭諦 波羅揭諦 波羅僧揭諦 菩提 娑婆訶」，與大正藏所收玄奘譯本的「菩提 僧莎訶」稍有不同，下文從大正藏。

1. 玄 奘 漢 譯　：揭帝 揭帝
2. 羅 馬 拼 音　：gate　gate
3. 梵文 悉曇體　：𑖐𑖝𑖸 𑖐𑖝𑖸
4. 梵文 天城體　：गते　गते
5. 藏　　　文　：ག་ཏེ་ ག་ཏེ་
6. 孔睿　英譯　：Gone, gone,
   (去了！去了！)
7. 中村元 日譯　：ガテー ガテー
   往ける者よ、往ける者よ
   (能去的人啊！能去的人啊！)
8. 蘇曼　德譯　：Gegangen, gegangen,

1. 玄奘漢譯：般羅揭帝
2. 羅馬拼音：pāragate
3. 梵文 悉曇體：𑖢𑖯𑖨𑖐𑖝𑖸
4. 梵文 天城體：पारगते
5. 藏文：པཱ་ར་ག་ཏེ།
6. 孔睿 英譯：gone beyond,
(向彼岸去了！)
7. 中村元 日譯：パー ラガテー
彼岸に往ける者よ、
(能向彼岸去的人啊！)
8. 蘇曼 德譯：hinübergegangen,

1. 玄 奘 漢 譯 ：般羅僧揭帝
2. 羅 馬 拼 音 ：pārasaṃgate
3. 梵文 悉曇體 ：𑖢𑖯𑖨𑖭𑖽𑖐𑖝𑖸
4. 梵文 天城體 ：पारसंगते
5. 藏 文 ：པཱ་ར་སཾ་ག་ཏེ།
6. 孔睿 英譯 ：gone altogether beyond,
   (全向彼岸去了！)
7. 中村元 日譯 ：パーラサンガテー
   彼岸に全く往ける者よ。
   (能完全向彼岸去的人啊！)
8. 蘇曼 德譯 ：völlig hinübergegangen,

1.	玄奘漢譯	：菩提　僧莎訶
2.	羅馬拼音	：bodhi　svāhā
3.	梵文 悉曇體	：𑖤𑖺𑖠𑖰　𑖭𑖿𑖪𑖯𑖮𑖯
4.	梵文 天城體	：बोधि　स्वाहा
5.	藏文	：བོ་དྷི་　སྭཱ་ཧཱ།
6.	孔睿　英譯	：O! What an awakening, All-Hail! （喔！好一個悟覺！萬福！）
7.	中村元 日譯	：ボーディ スヴァーハー さとりよ、幸あれ。 (悟覺吧！祝福你們！)
8.	蘇曼　德譯	：O Erleuchtung! – Segen!

心經咒語釋意

如前所述，心經的咒語每個字皆有清楚的文字意義。雖然我們能瞭解與接受前賢咒語不翻的理由；但時代不同了，通曉梵文的人越來越多，且對現代人不解釋意義，反而可能有誤學習。因此我們主張，咒語可以解釋與翻譯。茲將各字說明如下：

揭諦(gate)

來自 gata ，原字根為√ gam ，漢文為行、往、到、已到、住、處於、通達、證等之意；英文是 gone 、 gone away 、 departed 等意。

玄奘用「揭」音譯ga，自現代國語看，揭發ㄐ音，但以前此字應發g或k的音。這從台語的教、去、希等字的發音即可看出此種ㄐ、ㄑ、ㄒ古音是ㄍ、ㄎ、ㄏ的現象。有些版本的心經在gate（揭諦）之前有oṃ（唵）字，不過通行本及大部份略本心經都無此字。

波羅揭諦(pāra-gate)

來自pāra-gata，gata說明同前。而pāra漢文有超越、窮邊際、究竟、到彼岸等之意；英文為 bringing across 、 the further bank or shore or boundary 、 any opposite side等意，而pāra-gata英文為 one who has reached the opposite shore 、 passed over in safety 、 one who has gone beyond

漢文是向彼岸去了之意。

波羅僧揭諦(pāra-saṃgate)

由 pāra+saṃ+gate 組成，其中 pāra 與 gate 同前，而 saṃ 漢文爲同、類、平等、共同等意；英文是 with 、together 、 together with 、 altogether 等意。故此句合起有：全向彼岸去吧！Gone altogether beyond！之意。〈藥師灌頂眞言〉的最後一句梵文 samudgate ，是由 sam+ud+gate 而成，其中的 sam 及 gate ，與本字中的組成字相同。

菩提(bodhi)

bodhi（菩提）來自√ budh ，漢文音譯爲菩提，意譯爲覺；英文爲perfect knowledge or wisdom 、 enlightenment 、 understanding 之意。

娑婆訶(svāhā)

是一種祝福語，常用做咒語的結尾，漢文有究竟、成就之意；英文爲 hail! hail to! may a blessing rest on!之意。

梵文屬印歐語系，因此要正確地瞭解或掌握梵文原意，利用同屬印歐語系且有類似格的觀念的德文（日耳曼文）相當方便。若不通德文，用屬西日耳曼語系的英文，也總比用屬漢藏語系的漢文來得簡單，雖然英文的格數比梵、德文少。從第3句德文的völlig 、 hinüber 、 gegangen及英文的altogether 、 beyond 、 gone，對應於梵文的saṃ 、 pāra 、 gate，就可看出爲何用德、英文，比用漢文容易瞭解梵文原意。

心經的咒輪

咒輪是一種將咒語的內容寫成輪型的裝飾，其中央往往會加上種子字。常見於一些寺院的裝飾或石碑上，部份佛教徒也會隨身攜帶雕刻或印刷的咒輪，祈求驅魔避邪、平安如意。

咒輪的組成方式有許多種，此處舉一種悉曇字上朝圓心下朝外的咒輪，一般稱之為利他型（如圖一）。

衛京生小姐（Miss Pat Wilkinson）曾為孔睿（Edward Conze）的《金剛經．心經》(西元1957年出版)一書，依九世紀中亞地區的八瓣蓮花咒輪圖形，設計一個天城體咒輪圖（如圖二）。讀者自右上第一字順時鐘方向，將其內容與上文的天城體咒語比對，即知內容。此天城字是上朝外下朝圓心，一般稱之為自利型。

圖一

圖二

圖三

圖四

後來很多探討心經的相關書籍，也收錄此圖，如韓國宋醉玄的《般若心經講論》，就以此咒輪爲封面。而去年日本出版的《現代語で考える般若心經》一書中，也談到這個咒輪，此書的作者伊藤公夫是內科醫生，書中用了很多現代腦科學的研究成果解釋心經，在書中他提到，他不了解此咒輪中心那一個字的意義。其實此字是咒語常見的起始語「唵(oṃ)」的天城字寫法。懂悉曇與藏文的人，可猜懂此字，因其外型像悉曇的「唵」（ༀ oṃ）及藏文的「唵」(ཨོཾ oṃ)。據孔睿書上所說，放此「唵」字入圖中央，爲他自己的意見。

藏文朝內與朝外的兩種咒輪見圖三與圖四。

改變命運不求人

準　提　咒

除了居無定所終生流浪，面對不可知未來，習慣以算命來撫慰自己、理解人生的吉普賽人外，最喜歡談論、相信命運的可說是中國人。數千年來歷經不停戰亂的炎黃子孫，面對苦難的過去及茫然的未來，往往喜歡藉助算命一窺未來，祈求妻財子祿、逢凶化吉。所謂「一飲一啄，莫非前定」，由這句中國俗語，可見命定之論早已深植人心。

準提咒與了凡四訓

然而佛法以因緣業報解釋一切現象，任何事件的產生皆有其因，若能細察前因後果，每個事件都能得到合理的解釋。人生際遇受因果律支配，所謂命運其實是宿世因緣所造的果，本非憑空而來，因此也不能平白除去。若拉長時間之軸觀看宿世因緣，每個人都活在因果律下：今天的一切是過去的結果，而今天的行為又將決定未來的一切。因此從長遠看來，命運的確掌握在自己手中，並非受他人支配或造物者所主宰。

歷史上有不少以佛法解決命運問題的故事或著作，最為人熟知的可能是《了凡四訓》。此書雖被收入大藏經補編，但屬勸善書之類，並非佛典。該書是明朝末年袁了凡依自己改變命運的親身經歷而撰。他原信命定之說，發覺生命歷程皆符合孔相士的預言，也依皇極數之預測而進行，因而覺得命運不可避免也無法改變，以致淡漠一切。後來於西元1569年他接受雲谷禪師的指點，力行「改過、積善、謙德」之法，並持誦〈準提咒〉，結果改變了命運，讓往後的生命歷程過得比原先預測的還要好。

若說了凡四訓是以佛法的角度研討命運的最出名論著，則袁了凡因持誦準提咒而改變命運的故事，就是持誦咒語能改變命運且具靈驗功效的最有力證明。準提法之流傳自有其獨特因緣，但現今修習準提法的中國人非常多，原因之一可能是受這本廣為人知、四處可見的勸善書所影響吧！

準提咒的來源

準提梵名cundī，又作准提、准提觀音、准提佛母、佛母準提，意譯之一是清淨。

準提的梵文名有多種寫法，如cunde、cunda、cundi、cundī、.śundhi, śunda等，音譯為準提或准提；另一個梵文名是

saptakoṭi-buddhabhagavatī，意譯是「七俱胝佛母」。（sapta是七；koṭi是千萬；buddha是佛；bhagavatī是陰性詞，來自bhagavat〔世尊〕；buddhabhagavatī 譯爲佛母。）

依說咒者之不同，咒語可分成佛說、菩薩說、金剛說、諸大說、鬼神說等不同系統：例如〈大悲咒〉是觀世音「菩薩說」，〈往生咒〉應是「佛說」。準提咒的來源依《佛說七俱胝佛母心大准提陀羅尼經》(唐代地婆訶羅譯)所記：是過去、未來、現在一切佛，爲薄福、少善根、無根器或無菩提分法者所說；據《七俱胝佛母所說準提陀羅尼經》（唐代不空譯）所記：是過去七俱胝佛，爲愍念未來薄福惡業眾生所說，因此準提咒應屬「佛說」。

準提咒屬十小咒之一，是佛教徒每日必誦的咒語。準提咒在中國和日本流傳極廣，但在藏傳佛教較少見。契丹道宗時，僧道㲀撰於西元985年之《顯密圓通成佛心要集》一書，至今仍廣被沿用爲持誦準提咒的法本。

在台灣傳授準提法最有名的，當屬南懷瑾先生所創辦的十方禪林，所用法本是顯密圓通成佛心要集，學法者不下數萬人，其中有不少台灣知名企業家及政要。其現任住持首愚法師，也常到美國莊嚴寺等地傳準提法，當地不少學術界與企業界人士皆曾跟他學習。

一般經咒對修持者有一些基本要求，以大悲咒爲例，除了要先發十大願以外，《大悲心陀羅尼經》有云：「誦持此神咒者……身持齋戒。」雖然如此，未持齋戒也可持誦大悲咒。

相對而言，準提咒對行者的要求就較寬鬆，依唐代善無畏所譯《七俱胝獨部法》中云：

作此法不簡在家、出家，若在家人飲酒、食肉、有妻子，不簡淨穢，但依我法，無不成就。

可見飲酒、葷食、有妻室，乃至不淨之人都可修行此法，而且都能有所成就。這段經文可說是對一般在家修行者廣開方便之門，難怪歷史上有很多在家人修行此法且得到成就。

在一般早晚課誦本中，本咒之前有一段漢文詩偈：

稽首皈依蘇悉帝，頭面頂禮七俱胝，
我今稱讚大準提，惟願慈悲垂加護。

持誦準提咒時，只要念誦此段一遍，然後持續持誦準提咒即可。這段詩偈應該是後來中國人所附加，修法時能加持此段固然很好，但若不持也沒關係。

準提咒的意義

準提咒的梵、漢全文是：

梵文拼音	namaḥ saptānāṃ-samyaksaṃbuddha-koṭīnāṃ tadyathā oṃ cale cule cunde svāhā
通行漢音	南無 颯多喃 三藐三菩陀 俱胝喃 怛姪他 唵 折戾 主戾 準提 娑婆訶

學習、記憶本咒時，可將內容分成四段：

歸敬文

梵文拼音	namaḥ saptānāṃ-samyaksaṃbuddha-koṭīnām
通行漢音	南無 颯多喃 三藐三菩陀 俱胝喃

歸敬文這一段的意思是：歸命七俱胝(千萬)正等覺者，或向七千萬正等覺禮敬。其中南無（namaḥ）是禮敬、歸命之意；颯多喃（sāptānaṃ）來自sāptā，是數字七的意思；三藐三菩陀(saṃyaksambuddha)是正等覺或正等正覺者；俱胝喃(koṭīnāṃ)來自koṭi，是一千萬的意思，但傳統上常譯爲億。

即說咒曰

梵文拼音	tadyathā
通行漢音	怛姪他

看到咒語，最好先找出「怛姪他(tadyathā)」這一句。此句在往生咒中，音譯爲「怛他夜他」；在玄奘漢譯的《般若波羅蜜多心經》中，譯成「即說咒曰」。本句是咒語內容的重要分水嶺，其前是歸敬文，其後爲咒語的中心內容。

咒語中心

梵文拼音	oṃ cale cule cunde
通行漢音	唵　折戾　主戾　準提

有人將折隸(cale)、主隸(cule)、準提(cunde)解釋爲覺動、起昇、清淨，或遊行尊、頂髻尊、清淨尊，也有人將其解釋爲回動尊、頭頂尊、準提尊。這幾種說法雖都有人接受，但個人較贊成，將這三句當成只具音效的咒語內容，不一定有確定的文字意義。這種只取音效的特殊咒語內容經常可見，如：大悲咒的娑囉娑囉(sara sara)、悉唎 悉唎(siri siri)、蘇嚧 蘇嚧(suru suru)，或十一面觀音咒的達啦 達啦(dhara dhara)、提力 提力(dhiri dhiri)、杜露 杜露(dhuru dhuru)應該都是例子。

結尾

梵文拼音	svāhā
通行漢音	娑婆訶

娑婆訶(svāhā)是咒語常見的結尾語，意爲吉祥、圓滿。印順導師說：「『薩婆訶』這一句，類似耶教禱詞中的『阿門』，道教咒語中的『如律令』。」這應是向現代人解釋「娑婆訶」時，最簡單且明瞭的說法。

準提咒的心咒

依密教行者所說，持一遍心咒的功德，與持一遍完整的咒語，乃至與誦一遍完整地述說該咒語來源與功效等之經典的功德皆相同。以準提咒爲例：持一次準提咒的心咒，與持一遍根本咒型的準提咒，及誦一遍佛說七俱胝佛母心大准提陀羅尼經的功德都相同。

置身繁忙工商社會，修行人所能用來持咒及修行的時間非常有限，因此誦持簡短的心咒，應是現今修行的最佳方法。

準提咒心咒的梵、漢、悉曇、藏文分別如下：

梵文拼音	oṃ cale cule cunde svāhā
通行漢音	唵　折戾　主戾　準提　娑婆訶
悉　　曇	𑖌𑖼 𑖓𑖩𑖸 𑖓𑖲𑖩𑖸 𑖓𑖲𑖡𑖿𑖟𑖸 𑖭𑖿𑖪𑖯𑖮𑖯
藏　　文	ཨོཾ་ཙ་ལེ་ཙུ་ལེ་ཙུནྡེ་སྭཱ་ཧཱ་

深入如來的音聲海

與阿彌陀佛相遇

往　生　咒

佛教咒語原為梵文，依文字意義可分三類：1.有意義型：咒語的每一個字都有確定意義。2.無意義型：咒語內容皆無意義，只取音效。3.綜合型：以上兩種的綜合，咒語內容部份有意義，部份取音效。〈往生咒〉屬於第一種，亦即往生咒的每一個字皆有明確意思。

阿彌陀佛的根本咒

往生咒是阿彌陀佛的根本咒，可適用於任何與阿彌陀佛有關的場合。其正確全名為〈拔一切業障根本得生淨土神咒〉，顧名思義，此咒包含兩種意義與功效：一是拔一切業障根本，亦可說本部份較重視現世利益；二是得生淨土，亦可說本部份較重視來世利益。

事實上，雖然咒語亦求取終極解脫，但一般說咒語求取現世利益會比來世利益多。以往生咒簡稱〈拔一切業障根本得生淨土神咒〉，是件很可惜且遺憾的事。由於「往生」二字易使人誤以爲此咒只與往生有關，只能讓念誦者或所祈求的特定對象得生淨土，而忽略了它的另一個積極且重要的功效與意義，即「拔一切業障根本」的消除業障的現世利益部份。

也許因爲往生咒這個俗稱或簡稱的關係，自古以來本咒多用於如親友過世的喪葬場合，或殺生時祈求被殺的衆生早日超渡，或於路旁發現某些動物橫死時，藉助咒語祈求這些對象得生淨土。這當然也是本咒的用途之一，但持此咒時其實也不應忘記它還有很重要的「拔一切業障根本」的現世利益，因此在持此咒時最好能記得它的正式全名拔一切業障根本得生淨土神咒。

持往生咒的功效

在求那跋陀羅所譯的拔一切業障根本得生淨土神咒原文裏，可見到往生咒的功效如下：

一、原咒語後，有一段關於咒語功效的說明：

> 若有善男子、善女子能誦此咒者，阿彌陀佛常住其頂，日夜擁護，無令怨家而得其便，現世常得安隱，臨命終時任運往生。

其三個功效可見爲：1.阿彌陀佛會日夜保護持誦者；2.現世

安穩；3.命終往生。前二點即現世利益，後一點爲來生利益。

二、同文後附有一〈阿彌陀佛不思議神力傳〉，傳後也有一段關於咒語功效的敘述：

即滅四重、五逆、十惡、謗方等罪，悉得滅除，現世所求皆得，不為惡鬼神所惑亂。若數滿二十萬遍，即感得菩提牙生；若至三十萬遍，即面見阿彌陀佛。

其四個功效爲：1.滅現世所造罪業；2.現世所求皆得；3.不爲惡鬼神所亂；4.面見阿彌陀佛。由前三點亦可見其求取現世利益的功效。

三、在阿彌陀佛不思議神力傳中，有一個關於持誦往生咒功效的例子，末段情節類似當今所傳的幽浮(UFO)，白話全文如下：

陳天嘉年間(西元560–566年)，盧山的珍禪師在打坐時，見數百人共乘一艘七寶華舫前往西方，珍禪師請求同行，但船上的人說：「珍法師！您宣講了《涅槃經》，是個很大且不可思議的因緣，但因您未持誦《阿彌陀經》與〈阿彌陀咒〉（即往生咒），所以不可同去。」

珍法師因此廢止講經事業，日夜專誦阿彌陀經與阿彌陀咒，合計念滿二萬遍。在他臨命終前的四七日夜晚四更，有天神從西方送來一座白銀臺，於空中比太陽還明亮。天神並告訴他：「法師壽終時，將乘此白銀臺往生阿彌陀佛國，我今特來告知：您必定往生西方。」

珍法師臨終時，在場者不論出家、在家，皆聽到空中傳來妙音並聞到異香，香氣經數月不散。當晚峰頂寺內僧眾，皆見到山谷內有數十個大如車輪之炬火。

由此文看來，持誦阿彌陀經與往生咒，至少對廬山的珍禪師來說，是能乘華舫前往西方淨土的必要條件。

由以上三項說明可知，多持誦拔一切業障根本得生淨土神咒，不只來生可往生淨土，面見阿彌陀佛；其現世利益更多，不但可得阿彌陀佛日夜護佑，使怨家、鬼神沒有機會侵擾傷害，並可滅除一切罪業，也讓所求一切皆得。可見往生咒確實是個兼顧來生及現世兩種利益的咒語，值得修行者經常持誦。

往生咒的出處

目前流傳最廣的往生咒是拔一切業障根本得生淨土神咒的俗稱，據載此咒是劉宋時由求那跋陀羅所譯，原文註明本咒出自《小無量壽經》，是部已失佚的阿彌陀經之異譯本。

依《大正藏》所收與阿彌陀佛有關的諸同系咒語的譯出時間來看，最早的阿彌陀佛系咒語的漢譯本是西元435到443年間，求那跋陀羅譯的拔一切業障根本得生淨土神咒（T-12,368, p.351c）亦即目前通行的往生咒。其次出現的漢譯本是西元653到654年間，阿地多譯《陀羅尼集經》中所收的四個阿彌陀佛系咒語（T-18 ,901, p.800-824），二者前後譯出的時間相差二百二十年。

拙著《往生咒研究》一書中，有一篇文章是往生咒在阿彌陀系咒語中的地位研究，文內從咒語的成立與漢譯的時間，及諸同系咒語的結構比較、分析，可推知：在阿彌陀系咒語中，往生咒是第一個出現的原始型咒語，成立時間至少比其他同系咒語早二百年以上，其他同系咒語可能是依據它而發展出來的。

往生咒的念法

大正藏卷四十七所收宋朝王日休著的《龍舒增廣淨土文》（T-47, 1970, p.263與T-47, 1969, p.163），及宋朝宗曉所編的《樂邦文類》，皆將往生咒分成十五句，依梵文內容來說，這是個斷句錯誤很多的不良分句法。明朝以後本咒被歸入十小咒，從種種資料看起來，似乎也是此時始將咒語內容依梵文原意重新分成八句，並沿用至今，這個斷句是正確且合梵文原文的分句法。

雖然自道安以來的譯經者多半皆主張咒語不意譯的原則，直接依漢字音譯念誦，但處於現代資訊發達的工商時代，每個人可利用的時間非常有限，將咒語的意義明朗化，不僅有助於學習與記憶，更能掌握正確的斷句與發音，了解咒語的眞正意義，很快就能熟練地持誦，並享用其功效。

爲了方便學習與記憶，可將型式完整的咒語依內容結構分成五段，以八句分段的往生咒爲例，可分成：

歸敬文	第1句
即說咒曰	第2句
咒語中心內容	第3～6句
祈願祝禱文	第7句
結尾文	第8句

依上述八句分段法，說明如下：

歸敬文

梵文拼音	namo amitābhāya tathāgatāya
通行漢音	南無 阿彌多婆夜 哆他伽哆夜
作者漢譯	歸命 無量光（阿彌陀）如來！
作者英譯	Homage to the Amitābhā Tathāgata,

本咒與阿彌陀佛及淨土有關，故開頭先禮敬阿彌陀佛。

南無(namo)

是歸命、禮敬。

阿彌陀婆(amitābha)

是阿彌陀（嚴格說是無量光）。

哆他伽哆(tathāgata)

是如來。

夜(āya)

是 amitābha 與 tathāgata 的與格（dative）語尾變化，表

示禮敬的對象。

即說咒曰

梵文拼音	tadyathā
通行漢音	哆地夜他
作者漢譯	即說咒曰
作者英譯	It runs like this :

哆地夜他(tadyathā)

看到咒語時，可先找出 tadyathā（哆地夜他）這個關鍵句。玄奘漢譯《心經》中，將本句譯成「即說咒曰」。這是咒語內容的重要分水嶺，在型式完整的咒語中，本句之前是歸敬文，之後是咒語的中心內容。本句亦有音譯成「怛姪他」，如〈準提咒〉及〈大悲咒〉。

咒語中心內容

這段共有四句，每句都以 amṛta（阿彌利哆）開始：

梵文拼音	amṛtodbhave
通行漢音	阿彌利都婆毗
作者漢譯	甘露所生者啊！
作者英譯	Who is produced by Amrita,

阿彌利都婆毗(amṛtodbhave)

此字來自 amṛta + udbhave ， amṛta（阿彌利哆）的意思是不死，常意譯爲「不死靈藥」或「甘露」。 udbhave

有起來、生起、生產等意。「a+u」依梵文連音變化變成「o」(都),因此二字合成amṛtodbhave(阿彌利都婆毗)。

阿彌陀(Amita)與阿彌利哆(Amṛta)的發音與字型很接近,但從字源看,「阿彌陀」(Amita)來自「mā」的字根,爲測量、量度之意,相當於英文的measure,其過去被動分詞爲mita,即英文的measured;若在字前加上否定接頭詞a,即變成「不可測量、無法量度」的「amita(阿彌陀)」,即英文的unmeasured或unlimited。過去漢譯佛典將其意譯爲無量,或音譯爲阿彌陀。

阿彌利哆(Amṛta)來自mṛ的字根,是死亡之意;mṛta是其過去被動分詞,意思是已經死亡;若在字前加上否定接頭詞a,即變成amṛta(阿彌利哆)的不死,引申爲不死靈藥。漢譯佛典意譯成甘露,或音譯爲阿彌利哆。

梵文拼音	amṛta-siddhaṃbhave
通行漢音	阿彌利哆　悉耽婆毗
作者漢譯	甘露成就所生者啊!
作者英譯	who is born by the accomplishment of Amrita,

悉耽(siddhaṃ)

來自 siddha(悉陀),是成就之意。

婆毗(bhave)

是誕生、生起、存在、繁榮等意,在此爲呼格變化。

梵文拼音	amṛta-vikrānte
通行漢音	阿彌利哆　毗迦蘭諦
作者漢譯	具甘露神力者啊！
作者英譯	who has the all-pervading power of Amrita,

毗迦蘭諦(vikrānte)

是 vikrānta 的呼格，爲強力、英勇、勝利等意。

梵文拼音	amṛta-vikrānta
通行漢音	阿彌利哆　毗迦蘭哆
作者漢譯	甘露神力者！
作者英譯	who is with the all-pervading power of Amrita,

毗迦蘭哆(vikrānta)

此句的「毗迦蘭哆(vikrānta)」與上一句「毗迦蘭諦(vikrānte)」，只是語尾變化不同，在此爲主格。

祈願祝禱文

梵文拼音	gāmine gagana kīrta- kare
通行漢音	伽彌膩　伽伽那　枳多　迦隸
作者漢譯	前進啊！願名滿天下！
作者英譯	Move! May it be famous throughout the World!

伽彌膩(gāmine)

是走向、移向、到達、達到、獲得。

伽伽那(gagana)

是天空、虛空。

枳多(kīrta)

是名聲、稱揚、讚歎。

迦隸(kare)

是起、做、修、爲、能成辦等意思。

在拙著往生咒研究中，我依傳統分句法將gāmine（伽彌膩）放在第6句之後。不過在製作本咒的音樂帶時，作曲及唱誦者自音樂的角度，皆認爲將gāmine（伽彌膩）以後當成副歌並重複四次的效果最好，我從其建議，因此將gāmine（伽彌膩）改放到第7句。

在咒語的中心內容之後及結尾文之前，常有一段祈求本咒成就，或祝禱本咒圓滿的祈願祝禱文，本句就是這種祈願祝禱文。當然，也可將其當成咒語的中心內容之一。咒語用字精簡，但總持諸種意義，這種解釋與分段法只是爲了幫助學習與記憶的一種方便而已。

結尾文

梵文拼音	svāhā
通行漢音	莎婆訶
作者漢譯	刷哈！
作者英譯	svāhā！

莎婆訶(svāhā)

這是很普遍的咒文結尾語，發音接近現代國語的「刷哈」。印順導師在《般若經講記》最後一頁中說：「『薩婆訶』這一句，類似耶教禱詞中的『阿門』，道教咒語中的『如律令』。」這應該是向現代人解釋娑婆訶時，最簡單而且最容易明瞭的解釋法。

悉曇字〈往生咒〉

1	𑖡	na
2	𑖦𑖺	mo
3	𑖀	a
4	𑖦𑖰	mi
5	𑖝𑖯	tā
6	𑖥𑖯	bhā
7	𑖧	ya
8	𑖝	ta
9	𑖞𑖯	thā
10	𑖐	ga
11	𑖝𑖯	tā
12	𑖧	ya
13	𑖝	ta
14	𑖟𑖿𑖧	dya
15	𑖞𑖯	thā
16	𑖀	a
17	𑖦𑖴	mṛ
18	𑖝𑖺	to
19	𑖟𑖿𑖥	dbha
20	𑖪𑖸	ve
21	𑖀	a
22	𑖦𑖴	mṛ
23	𑖝	ta
24	𑖭𑖰	si
25	𑖟𑖿𑖠𑖽	ddhaṃ
26	𑖥	bha
27	𑖪𑖸	ve
28	𑖀	a
29	𑖦𑖴	mṛ
30	𑖝	ta
31	𑖪𑖰	vi
32	𑖎𑖿𑖨𑖯	krā
33	𑖡𑖿𑖝𑖸	nte
34	𑖀	a
35	𑖦𑖴	mṛ
36	𑖝	ta
37	𑖪𑖰	vi
38	𑖎𑖿𑖨𑖯	krā
39	𑖡𑖿𑖝	nta
40	𑖐𑖯	gā
41	𑖦𑖰	mi
42	𑖡𑖸	ne
43	𑖐	ga
44	𑖐	ga
45	𑖡	na
46	𑖎𑖱	kī
47	𑖨𑖿𑖝	rta
48	𑖎	ka
49	𑖨𑖸	re
50	𑖭𑖿𑖪𑖯	svā
51	𑖮𑖯	hā

▼〈往生咒〉梵文、羅馬拼音、漢文音譯及漢文義譯對照全文：

𑖡𑖦𑖺　𑖀𑖦𑖰𑖝𑖯𑖥𑖯𑖧　𑖝𑖞𑖯𑖐𑖝𑖯𑖧　𑖝𑖟𑖿𑖧𑖞𑖯
namo　amitābhāya　tathāgatāya　tadyathā
南無　阿彌多婆夜　哆他伽哆夜　哆地夜他
歸命　無量光（阿彌陀）如來！　即說咒曰：

𑖀𑖦𑖴𑖝𑖺𑖟𑖿𑖥𑖪𑖸　𑖀𑖦𑖴𑖝　𑖭𑖰𑖟𑖿𑖠𑖽𑖥𑖪𑖸
amṛtodbhave　amṛta - siddhaṃbhave
阿彌利都婆毗　阿彌利哆　悉耽　婆毗
甘露所生者啊！　甘露成就所生者啊！

𑖀𑖦𑖴𑖝　𑖪𑖰𑖎𑖿𑖨𑖯𑖡𑖿𑖝𑖸　𑖀𑖦𑖴𑖝　𑖪𑖰𑖎𑖿𑖨𑖯𑖡𑖿𑖝
amṛta - vikrānte　amṛta - vikrānta
阿彌利哆　毗迦蘭諦　阿彌利哆　毗迦蘭哆
具甘露神力者啊！　甘露神力者！

𑖐𑖯𑖦𑖰𑖡𑖸　𑖐𑖐𑖡　𑖎𑖱𑖨𑖿𑖝　𑖎𑖨𑖸　𑖭𑖿𑖪𑖯𑖮𑖯
gāmine　gagana　kīrta- kare　svāhā
伽彌膩　伽伽那　枳多　迦隸　莎婆訶
前進啊！願名滿天下！　刷哈(成就)！

除病離苦人安樂

藥師灌頂眞言

〈藥師咒〉是指「藥師琉璃光王如來」系統的咒語。中國佛教徒早晚課誦的十小咒中，第六咒的〈藥師灌頂眞言〉即藥師琉璃光如來的根本咒。它是中國佛教徒經常誦持的幾個咒語之一，尤其是在有病苦時。

藥師琉璃光如來的根本咒

據《藥師經》的記載，誦持此經咒的功效有二：1.聞說藥師名號即得滅罪往生，2.修習藥師法及誦持藥師咒，可除病離苦。因此藥師法在漢地、日本、西藏等地相當盛行。

一般通行於中、日、韓地區的漢譯藥師經，大都是玄奘所譯《藥師琉璃光如來本願功德經》（西元650年譯），其中有一段敘述藥師咒的誦出因緣、咒文及誦持功效的經文；但《大正藏》所收錄的玄奘譯本(T-14,450,p.406),並無此段經文,唯於當頁的註解13有記錄,這表示原來的玄奘漢譯本並不含此段經文。此外比玄奘譯本早譯出的達摩笈多之《佛說藥師如來本願經》(西元615年譯)亦無此段相關經文。若此,通行玄奘譯本中的此段經文從何而來?仔細核對此段經文內容,其與義淨於西元707年所譯《藥師琉璃光七佛本願功德經》中的一段經文幾乎完全相同,除了其中若干用字不同外。由此可知玄奘通行譯本中的這段經咒可能是後人參照義淨譯本,從中摘錄添加的。

誦出因緣及功效

由上可知通行的55個漢字音譯藥師灌頂眞言,應該來自義淨所譯的藥師琉璃光七佛本願功德經。此段有關藥師灌頂眞言的誦出因緣及功效的經文如下:

> 復次,曼殊室利!彼藥師琉璃光如來得菩提時,由本願力觀諸有情遇眾病苦,瘦瘧乾消黃熱等病,或被魘魅蠱毒所中,或復短命或時橫死,欲令是等病苦消除所求願滿,時彼世尊入三摩地,名曰「除滅一切眾生苦惱」,既入定已,於肉髻中出大光明中演說大陀羅尼曰:「南無薄伽伐帝　鞞殺社窶嚕　薜琉璃鉢喇婆喝囉闍也　怛陀揭多耶　阿囉喝帝　三藐三勃陀耶　怛姪陀　唵　鞞殺逝　鞞殺逝　鞞殺社　三沒揭帝　莎訶」
>
> 爾時光中說此咒已,大地震動放大光明,一切眾生病苦皆除,受

安隱樂。曼殊室利！若見男子、女人有病苦者，應當一心為彼病人常清淨澡漱，或食、或藥、或無蟲水，咒一百八遍與彼服食，所有病苦悉皆消滅。若有所求，至心念誦，皆得如是，無病延年，命終之後生彼世界，得不退轉乃至菩提。是故，曼殊室利！若有男子、女人，於彼藥師琉璃光如來至心殷重恭敬供養者，常持此咒勿令廢忘。

復次，曼殊室利！若有淨信男子、女人，得聞藥師琉璃光如來、應正等覺所有名號，聞已誦持，晨嚼齒木，澡漱清淨，以諸香華，燒香塗香，作眾伎樂，供養形像，於此經典，若自書、若教人書，一心受持，聽聞其義。於彼法師應修供養，一切所有資身之具，悉皆於與，勿令乏少，如是便蒙諸佛護念，所求願滿乃至菩提。

以上引文是藥師灌頂眞言的誦出因緣、咒文及功效，詳述了佛陀爲滅除一切衆生病苦所演說的大陀羅尼內容，及勸發誦持後可能產生的不可思議功效。

咒文的意義

梵文藥師灌頂眞言的每個字皆有清楚意涵，全咒之意爲：

禮敬世尊藥師琉璃光如來、應供、正等覺！即說咒曰：唵！藥！藥！藥生起來！刷哈！

為方便說明，以下將藥師灌頂眞言分成歸敬文、即說咒曰、中心內容、祈願祝禱、結語等五部份，並逐句解釋其意：

歸敬文

咒文開始即以全名禮敬藥師琉璃光王如來、應供、正等覺。

梵文拼音	namo bhagavate bhaiṣajya-guru-vaiḍūrya-prabhā-rājāya tathāgatāya arhate samyaksaṃbuddhāya
通行漢音	南謨 薄伽伐帝 鞞殺社 窶嚕 薜琉璃 鉢喇婆 喝囉闍也 怛他揭多也 阿囉喝帝 三藐三勃陀耶
作者漢譯	禮敬世尊、藥師琉璃光王如來、應供、正等覺！

南謨(namo)

是南無，禮敬、歸命之意。

薄伽伐帝(bhagavate)

是世尊。與南謨(namo)合起來的意思是：禮敬世尊。

鞞殺社(bhaiṣajya)

藥。

窶嚕(guru)

師、上師。

薜琉璃(vaiḍūrya)

一般常簡稱為琉璃，是個音譯的外來語。

鉢喇婆(prabhā)

光。

喝囉闍也(rājāya)

來自rāja，意思是王；(a)ya是梵文的與格(dative)字尾，表示禮敬的對象。bhaiṣajya-guru-vaiḍūrya-prabhā-rājāya意思是：藥師琉璃光王。

怛他揭多也(tathāgatāya)

來自 tathāgata，是如來，後面加與格字尾(a)ya。

阿囉喝帝(arhate)

是 arhat 的與格變化，爲阿羅漢、應供之意。

三藐三勃陀耶(samyksaṃbuddhāya)

爲samyaksaṃbuddha的與格變化，爲正等覺、正遍知、正等覺者之意，英文爲 one who has attained to complete enlightenment。

tathāgatāya arhate samyaksaṃbuddhāya 合起來是：如來、應供、正等覺；爲常見的如來稱號。

即說咒曰

怛侄他(tadyathā)是咒語的重要分水嶺，在型式完整的咒語中，此句之前爲歸敬文，之後是咒語的中心內容。

梵文拼音	tadyathā
通行漢音	怛姪他
作者漢譯	即說咒曰

怛姪他(tadyathā)

是即說咒曰，英文常譯爲 It runs like this。

中心內容

梵文拼音	oṃ bhaiṣajye bhaiṣajye
通行漢音	唵　鞞殺逝　鞞殺逝
作者漢譯	唵！藥！藥！

唵(oṃ)

唵(oṃ)是咒語中心內容常見的起始句。咒語用字精簡，往往只是幾個單字，幾乎不用完整的句子。因此在翻譯時我們偏好忠實地譯出原咒，頂多簡單解釋原字的格數變化。

鞞殺逝(bhaiṣajye)

是bhaiṣajya的處／位格，藥之意。處格(locative)表時間或空間，相當於英文的「in, on, at」。

祈願祝禱

在咒語的中心內容及結語間，常會有一段祈求本咒成就，或祝禱本咒圓滿的祈願祝禱文。此段祈願祝禱文即是「祈求生起能解除眾生病痛的藥」之意。

梵文拼音	bhaiṣajya　samudgate
通行漢音	鞞殺社　三沒揭帝
作者漢譯	藥生起來！

鞞殺社(bhaiṣajya)

是藥，在此是主格。

三沒揭帝(samudgate)

來自samudgata，出生、出現、成就之意；英文為risen up、come forth、appeared、begun等意。此句亦可解釋為「關於藥生起來這件事」。三沒揭帝(samudgate)的字源是sam+ud+√gaṃ，sam的英文是together，ud是up，gaṃ是go之意，因此samudgata的英文直譯為going up together或rising up together之意。由此字可看出用英文來解釋同屬印歐語系的梵文，比起用漢文來是方便太多，尤其是在這種組合字的組成方式方面。

說到samudgate，令我想起心經咒語中的波羅僧揭諦，其梵文是pārasaṃgate，其中的saṃ與gate與本咒本字中的sam與gate相同。參考心經中的咒語一文，也可看出用英文極易瞭解咒語用字的原意。

結語

梵文拼音	svāhā
通行漢音	莎婆訶
作者漢譯	刷哈！

莎婆訶(svāhā)

這是咒語最常見的結尾語，發音接近國語的「刷哈」。印順導師在《般若經講記》最後一頁中說：「『薩婆訶』類似耶教禱詞中的『阿門』，道教咒語中的『如律令』。」這應是娑婆訶最簡單且容易明瞭的現代解釋法。

藥師灌頂真言的心咒

藥師灌頂眞言有大咒、小咒之分；大咒即根本咒，也就是藥師如來本願經中的：

南無薄伽伐帝　鞞殺社窶嚕　薜琉璃鉢喇婆　喝囉闍也　怛陀揭多邪　阿囉喝帝　三藐三勃陀邪　怛姪陀　唵　鞞殺逝　鞞殺逝　鞞殺社　三沒揭帝　莎訶

namo bhagavate bhaiṣajya-guru-vaiḍūrya-prabhā-rājāya tathāgatāya arhate samyaksaṃbuddhāya tadyathā oṃ bhaiṣajye bhaiṣajye bhaiṣajya samudgate svāhā

小咒即心咒，其內容有兩種說法：一爲漢地流通者，即藥師灌頂眞言後的心咒部份：

唵　鞞殺逝　鞞殺逝　鞞殺社　三沒揭帝　莎訶

oṃ bhaiṣajye bhaiṣajye bhaiṣajya samudgate svāhā

（意為：唵！藥！藥！藥生起來！刷哈！）。

藏傳的〈藥師小咒〉也是這種用法，但咒文較長，依傳承各家內容稍有差異，但用字相同，最長的咒爲：

答達鴉塔阿 鄂嘛 白厄卡雜葉 白厄卡雜葉 嘛哈阿 白厄卡雜葉
白厄卡雜葉 喇阿雜阿 薩穆達噶得 娑阿哈阿

tadyathā oṃ bhaiṣajye bhaiṣajye mahā bhaiṣajye bhaiṣajya rājā
samudgate svāhā

（意為：唵！藥！藥！大藥！藥王！生起來！刷哈！）。

藏傳與漢傳小咒事實上只差「大藥(mahā bhaiṣajye)！（藥）王(rājā)！」兩句，但若從二者的漢字音譯看起來，則差異極大，自漢文並不易看出二者屬同一咒語。由此則可看出漢字音譯咒語，由不同譯者，在不同年代譯出時，所用漢語相當自由，以致差異極大。可見回翻成標準梵文並以羅馬拼音念誦梵文咒語，應該是對將來的新學習者及新地球村的居民最方便的方式。

小咒的另一種說法是日本東密、台密的習慣用法，他們的藥師小咒是根據唐阿地瞿多所譯《陀羅尼集經》卷第二(T-18,901, p.799)或金剛智所譯《藥師如來觀行儀軌法》(T-19,923, p.25)等所記之〈藥師琉璃光佛印咒〉，咒文爲：

唵　呼嚧　呼嚧　戰馱利　摩橙祇　莎訶

oṃ huru huru candali mātangi svāhā

(坂內龍雄譯為：速疾！速疾！暴惡相象王成就！)

誦持的功效

義淨漢譯的藥師琉璃光七佛本願功德經末文中強調本經亦名「淨除一切業障」、「所有一切願求皆得圓滿」，由這些名稱可看出本經咒除了有來世往生藥師東方琉璃淨土的成果外，也相當強調現世利益。

太虛大師所著《藥師琉璃光如來本願功德經講記》中，亦提及此經的二大功效：

1.拔除一切業障：經中曾說，聞名者可滅罪往生淨土，誦咒者得除病離苦。如經所說：「若見男子、女人有病苦者，應當一心爲彼病人，當清淨澡漱，或食或藥或無虫水，咒一百八遍，與彼服食，所有病苦悉皆消滅。」此外信受奉行讀誦者，並可獲福免難，救命延壽，是故此經亦名《拔除一切業障得度生死經》。

2.十二神將饒益有情：十二藥叉神將因聞佛說此經功德，發願於後世擁護此經，利樂有情。是故此經亦名《十二神將饒益有情經》。

由上可知，對病家的用法之一是：將食物、藥物或飲水念咒一百零八遍，然後讓病患服用，將對病情有所助益。而太虛大師所謂的拔除一切業障得度生死經，應該是指東晉帛尸梨蜜多羅漢譯，與玄奘之藥師琉璃光如來本願功德經爲同本異譯，但其原名爲《拔除過罪生死得度經》。

由此經原名及太虛大師的用法，不禁令人想起俗名〈往生咒〉，原名〈拔一切業障根本得生淨土神咒〉的西方淨土阿彌陀佛根本咒，其與俗名藥師咒的東方淨土藥師琉璃光如來根本咒，有相當類似的名稱及功效。藍吉富教授曾在拙著《往生咒研究》序文中指出：「相對於阿彌陀佛西方淨土世界的來生效益，東方藥師琉璃光淨土較強調現世效益。我也覺得多數衆生皆希望現世得安樂，而較不寄望虛無漂渺的來世。」由此不難了解何以藥師法與藥師咒盛行於漢、藏、韓、日等地，並歷久不衰。

悉曇咒牌

大正藏所收梵文資料幾乎全以悉曇字書寫，悉曇字是西元650年前後用於書寫佛經的梵文書寫體，唐代引進我國的佛典主要都以它書寫，但後來在印度及中國幾乎已完全失傳，所幸日本尚保留完整。爲了閱讀大正藏的資料，近來很多台灣及大陸的學者紛紛開始研習悉曇字，因此本文特別附上藥師灌頂眞言的悉曇資料，供讀者參考。（悉曇字教書，可參考拙著《梵字悉曇入門》，嘉豐出版社出版，或《簡易學梵文》基礎篇與進階篇，全佛出版社出版。）

藥師灌頂眞言的悉曇字數，與往生咒同爲51字。將娑婆訶（svāhā）放在最下，上面可排成7×7共49字，是滿好看的咒牌（咒牌見下頁）。東方藥師如來的根本咒與西方阿彌陀佛的根本咒，同爲51個悉曇字，是個有趣的巧合。

悉曇梵文藥師灌頂眞言

梵文拼音藥師灌頂眞言

na	mo	bha	ga	va	te	bhai
ṣa	jya	gu	ru	vai	ḍū	rya
pra	bhā	rā	jā	ya	ta	thā
ga	tā	yā	rha	te	sa	mya
ksaṃ	bu	ddhā	ya	ta	dya	thā
oṃ	bhai	ṣa	jye	bhai	ṣa	jye
bhai	ṣa	jya	sa	mu	dga	te
		svā	hā			

開發自性得光明

光明眞言

中國佛教徒習慣於早晚課持誦一些咒語，早晚課皆須誦持的只有〈往生咒〉與〈大悲咒〉。

往生咒是個俗稱，我覺得以往生咒來簡稱〈拔一切業障根本得生淨土神咒〉，是件很可惜且遺憾的事。由於「往生」二字容易讓人誤解爲此咒只是個用於與往生有關的咒語，而忘了它是個「能『拔一切業障根本』，讓念誦者或所祈求的特定對象，『得生淨土』的『神咒』」。

往生與灌頂的真言

有朋友問我：如果往生咒並非專用於往生情況的咒語，那麼在與往生相關的情況下，我會持什麼咒？我的回答是：在只與往生有關的情形時，我會持誦〈光明眞言〉與〈大白傘蓋佛母咒〉，不過有時也會兼持其他經咒如往生咒、大悲咒、《金剛經》等。

過去在漢地與日本，光明眞言常被用於與往生、喪葬、墓地及施餓鬼等有關的場合。「土砂加持法」所依據的就是此咒，依此法誦108遍光明眞言所加持的土砂，就是常用於與亡者有關場合的所謂金剛砂或光明砂。此砂灑在屍身或墓地上，可消滅罪障、往生淨土。

光明眞言在《中華佛教百科全書》中被解釋爲：「密教陀羅尼之一，爲大日如來之眞言，一切諸佛菩薩之總咒。」由此開宗明義的簡介，即可瞭解此咒的重要性及其在密教中的地位。

此咒另外也常用於與灌頂有關的場合，我曾經有幸幾度親臨朋友於2000年往生的李鐘鼎老師，其「心中心法」灌頂的現場，傳法上師開口的第一段就是光明眞言。從本咒正式全名也可看出此用途，其全名是〈不空羂索毘盧遮那佛大灌頂光眞言〉。

光明真言的意義

佛教咒語大多數原用梵文寫成，其內容有些有文字意義，有些可能只取其音效。光明眞言是個全文皆有意義的梵文咒語，其字面意義直譯是：

唵！不空光明遍照！大手印！蓮花珍寶！火焰！請進行！吽！

藍吉富教授主編的中華佛教百科全書中，將此咒的意義解釋爲：「由彼大日如來之不空眞實大印，衍生寶珠、蓮花、光明等功德，以如來大威神力，照破無明煩惱，轉地獄之苦，令生於淨土。」

雖然古代大德認爲咒語不必意譯，只要依音譯漢字直接誦念即可。但處於資訊爆炸的工商時代，大部份人可自由使用的時間有限，解釋咒文的意義不只便利於學習與記憶，也有助於正確的斷句與發音。

光明眞言很短，只有27個音譯漢字，23個悉曇梵文，咒文前面無歸敬文，直接就進入咒語中心內容。爲了方便說明，我依文意將本咒分成3句，逐句說明如下：

梵文拼音	oṃ amogha vairocana
通行漢音	唵 阿謨伽 尾盧左曩
作者漢譯	唵！不空光明遍照（大日如來）！
作者英譯	Om Amogha-Vairocana!

唵(oṃ)

爲咒語常見的起始句。

阿謨伽(amogha)

是不空。

尾盧左曩(vairocana)

是大日如來、光明遍照、毘盧遮那佛。

梵文拼音	mahā-mudra maṇi-padma jvala
通行漢音	摩賀 母捺羅 摩尼鉢納摩 入嚩羅
作者漢譯	大手印！蓮花珍寶！火焰！
作者英譯	The Great Seal!The Lotus Gem!The Flame!

摩賀(mahā)

是大。

母捺羅(mudra)

是手印。

摩尼(maṇi)

是摩尼寶珠。

鉢納摩(padma)

是蓮花，摩尼(maṇi)與鉢納摩(padma)兩字合起來的意思是蓮花的珍寶、或珍寶的蓮花。〈六字大明咒〉「唵嘛呢叭咪吽」中的「嘛呢(maṇi)叭咪(padme)」就是此二字，不過兩者有字尾為 ma 與 me 的不同格之變化。

入嚩羅(jvala)

是火焰。

咒語用字精簡，往往只是幾個單字，幾乎不用完整的句子。因此在翻譯時我較贊成依原咒文的型式只做簡單的譯出，或頂多加上原字的格變化的簡單解釋。當然要像本文前面所引的中華佛教百科全書的全文翻譯，也是種很好的解釋方式。

梵文拼音	pravartaya hūṃ
通行漢音	鉢羅嚩多野 吽
作者漢譯	請進行！吽！
作者英譯	Please Proceed!Hum!

鉢羅嚩多野(pravartaya)

此字有很多意思，其字源英文有to roll 、 set out 、proceed 、 engage in 、 begin等意思，漢文是轉、進行、開始等意思，日文譯本在翻譯此咒時常將此字譯爲轉。我個人以爲to proceed可能在此較貼切，此字意思也很多，漢譯我選「請進行」。

咒語用字精簡，常一字多義，或一語多義，留給持誦者很大的想像空間。以此處轉字的譯法爲例：誰轉？轉什麼？如何轉？轉給誰？爲何轉？轉後會如何？等等問題皆可被提出來。先師稻谷祐宣法師在解釋此字時，有時會說這是轉識成智，轉迷成悟；有時又說，這是將誦咒的功德轉給亡者，或將在地獄者轉到淨土……等等，因時因地隨緣解釋。

此字中的ta，在日本悉曇字光明眞言裏有兩種寫法：ta及tta。從梵文結構來看，ta較正確，而tta爲俗語型。

吽(hūṃ)

是咒語常見的另一型式結尾語，六字大明咒也以吽做結尾。

光明真言的用途

光明眞言的用途，據《不空羂索神變眞言經・灌頂眞言成就品第六十八》（T-20, 1092, p.385c）的記載，誦持本咒可滅一切重罪，衆生一聽此咒即滅一切罪障。

光明眞言最出名的用途是「土砂加持」，以此法誦108遍光明眞言加持過的土砂，灑在亡者屍骸或墓地上，可滅罪除障，往生淨土。依前經其做法大致爲：「若有衆生命終應墮惡道，以此光明眞言加持土砂108遍，散於亡者身上或墓上，此亡者即令已在地獄、餓鬼、畜生及阿修羅的四惡趣中，也會以一切不空如來、不空毘盧遮那如來眞實本願，大灌頂光眞言加持沙土之力，應時即得光明身，除諸罪報，捨所苦身，往於西方極樂國土，蓮花化生，乃至菩提，更不墮落。」

光明真言的出處

光明眞言的根據經典在大正藏中主要有二：

《不空羂索神變眞言經・卷二十八・灌頂眞言成就品第六十八》（菩提流志譯）（T-20, 1092, p.384c）。

《不空羂索毘盧遮那佛大灌頂光眞言》（不空譯）（T-19, 1002, p.606b）。

研究的專書有日本田中海應先生所著的《光明眞言集成》，

該書收錄了幾乎所有與光明眞言有關的資料。

光明真言的咒輪

光明眞言由23個悉曇字組成，加上休止符共24字。將此24字自正下方開始，依順時鐘方向書寫的咒輪，可依每一悉曇字的上下方向之不同，而分爲三種：悉曇字上朝外下朝圓心的，稱爲自利型（如圖一）；上朝圓心下朝外的，稱爲利他型（如圖二）；而所有字型皆上下同向正寫的，稱爲自利利他兼用型（如圖三）。

此23字的發音依序爲：

1	2	3	4	5	6	7	8
oṃ	a	mo	gha	vai	ro	ca	na
9	10	11	12	13	14	15	16
ma	hā	mu	dra	ma	ṇi	pa	dma
17	18	19	20	21	22	23	24
jva	la	pra	va	rtta	ya	hūṃ	休止符

此三圖取自日本德山暉純的《梵字・阿字與眞言》一書，原書第21字用俗語型的rtta，不過我較贊成用rta。

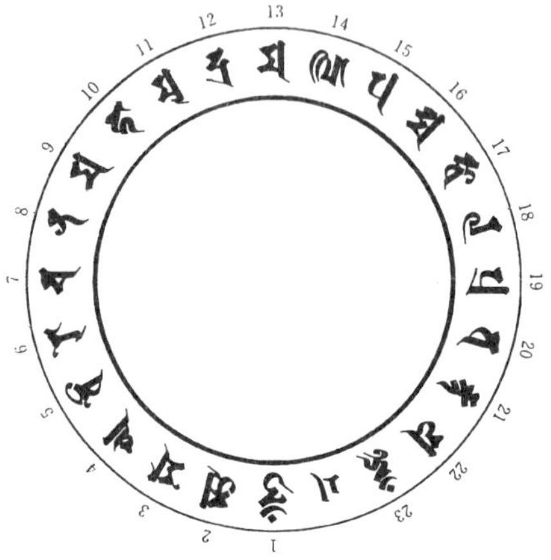

圖一：自利型

圖二：利他型

圖三：兼用型

響徹香格里拉的咒聲

西藏高原的大悲咒

十一面觀音咒

坊間最近相當流行所謂「藏音修行版〈大悲咒〉」的錄音帶，我聽過的不同版本至少有十數種，據說在台灣此咒的總發行量已超過一百五十萬張。這些帶子所錄咒語爲〈十一面觀音咒〉，音樂則爲藏密通行的十一面觀音咒旋律。

大悲咒的廣狹義用法

觀世音菩薩以大慈大悲救苦救難著稱，廣義來說，將其系統中之任一咒語稱爲大悲咒並不爲過。因此所謂的六觀音乃至三十三觀音，如千手千眼觀音、如意輪觀音、十一面觀音、不空羂索觀音等等的咒語，皆可稱爲大悲咒。

但依佛教用語的習慣來看，「大悲咒」一詞的使用在漢譯佛典使用區事實上有其特定範圍，亦即指一系列與千手千眼觀音菩薩有關的咒語。而一般人說到大悲咒時，事實上指的只是通行的84句415字本，這可說是大悲咒一詞最狹義的用法。

〈千手觀音大悲咒〉比十一面觀音咒晚了約一百年傳入中國，自西元650至660年間由迦梵達摩初譯以來，此咒就一直廣受中國人的喜愛與持誦。歷代中國人承大慈大悲救苦救難的觀音菩薩之助，得拔苦救難驅魔辟邪的人數無法計數。誦念與修持千手觀音大悲咒的風氣在中國一直非常興盛，且歷久不衰。

十一面觀音咒的漢譯

最近流行的這個只有153個漢字的咒語，事實上是十一面觀音咒。此咒在歷史上有四個漢譯，首先約在西元561至577年間由耶舍崛多譯出《佛說十一面觀世音神咒經》(T-20, 1070, p.149)，當時修行此咒且有成效的人很多，其發展約在西元656年玄奘譯出《十一面神咒心經》(T-20, 1071, p.152)，及西元746至774年間不空譯出《十一面觀自在菩薩心密言念誦儀軌經》(T-20, 1069, p. 139)後達到頂峰，之後在中土修持此咒的人們就漸漸減少了。

現代漢地的佛教徒除非是對密教或咒語有研究者，大概對十一面觀音及其咒語都相當陌生。不過此咒在日本及西藏卻仍相當盛行。本咒近年能在台灣再度盛行，應有其特定因緣。站在佛教咒語研究及推廣者的立場，我極高興見到一個佛教咒語能在各種場合讓人經常播放，雖然多半的人只將它當成一首歌來欣賞，而少見有人用它來修持。

最近唱誦十一面觀音咒的人雖然很多，但國內似乎尚未見到介紹或解釋此咒意義的文章。爲了方便新學習者以及願意用梵文念誦此咒的朋友，我不揣簡陋試寫本文，敬請高明指正。之所以使用梵文羅馬拼音，是因我深信將來的咒語念誦，梵文的羅馬拼音將會逐漸取代各種音譯文字，如漢文、日文、韓文甚至藏文等而成爲主流。

咒文的音義

依幾次講授此咒的經驗，我覺得用結構分析與瞭解意義的方式，十一面觀音咒其實極易學，半小時內就能記下其內容，若再配上音樂，應很快就能唱誦。

歸敬文

本咒的「歸敬文」佔全咒內容近三分之二，意義上可分成三段：

禮敬三寶！禮敬聖智海光明遍照莊嚴王如來、應供、正等覺！
禮敬一切如來、應供、正等覺！
禮敬聖觀自在菩薩摩訶薩、大悲者！

分別說明如下（漢音部份取自愛華音樂帶的音譯文）：

1.

愛華漢音	南摩 惹納 達拉雅雅 南摩 阿里雅 佳納 薩嘎拉 貝勒佳納 尤哈拉佳雅 達他嘎達雅 阿啦哈帝 桑雅桑布達雅
梵文拼音	namo ratna trayāya nama ārya jñāna sāgara vairocana vyūha rājāya tathāgatāya arhate samyaksaṃbuddhāya
作者漢譯	禮敬三寶！禮敬聖智海光明遍照莊嚴王如來、應供、正等覺！

茲依愛華音樂帶的153字新漢音為準，逐字說明如下：

南摩(namo)

是禮敬。

惹納(ratna)

是寶。

達拉雅雅(trayāya)

是三。第二個字雅(āya)是文法上的與格字尾。

以上三字合起來表示對三寶予以禮敬。本句與84句415字大悲咒第一句相同，但大悲咒的漢譯為「南無喝囉怛那哆囉夜耶」。

其次:

南摩(nama)

是禮敬。

阿里雅(ārya)

是聖。

佳納(jñāna)

是智。

薩嘎拉(sāgara)

是海。

貝勒佳納(vairocana)

是光明遍照，傳統上譯為毘盧遮那。

尤哈(vyūha)

是莊嚴。

拉佳雅(rājāya)

是王。加上與格字尾雅。

達他嘎達雅(tathāgatāya)

是加上單數與格字尾的如來(tathāgata)。

阿啦哈帝(arhate)

是加上單數與格字尾的阿羅漢(arhat)。

桑雅桑布達雅(samyaksaṃbuddhāya)

是加上單數與格字尾的正等覺(samyaksaṃbuddha)。

2.

愛華漢音	納摩 薩嚕哇 達他嘎提唄 阿啦哈達唄 桑雅桑布提唄
梵文拼音	namaḥ sarva tathāgatebhyaḥ arhatebhyaḥ samyaksaṃbuddhebhyaḥ
作者漢譯	禮敬一切如來、應供、正等覺！

本段與第一段最後面的內容相同，也是如來、應供、正等

覺，不過梵文爲與格複數型。

納摩(namaḥ)

是禮敬。

薩嚕哇(sarva)

是一切，文法上因爲「一切」表示多數，因此其後所接內容皆須改成複數型。

達他嘎提唄(tathāgatebhyaḥ)

是如來。

阿啦哈達唄(arhatebhyaḥ)

是阿羅漢。

桑雅桑布提唄(samyaksaṃbuddhebhyaḥ)

是正等覺。以上三者皆加上複數與格字尾(bhyaḥ)。

3.

愛華漢音	南摩 阿里雅 阿哇嚕格帝 秀哇啦雅 布地薩埵哇雅 瑪哈 薩埵哇雅 瑪哈 嘎嚕尼加雅
梵文拼音	nama ārya avalokiteśvarāya bodhisattvāya mahā sattvāya mahā kāruṇikāya
作者漢譯	禮敬聖觀自在菩薩、摩訶薩、大悲者！

此段內容與84句415字型大悲咒的第2句至第6句內容完全相同。但在大悲咒中漢譯爲：

南無 阿唎耶 婆盧羯帝 爍鉢囉耶 菩提 薩埵婆耶 摩訶

薩埵婆耶 摩訶 迦盧尼迦耶

南摩(nama)

是禮敬。

阿里雅(ārya)

是聖。

阿哇嚕格帝(avalokite)

是觀。

秀哇啦雅(śvarāya 或 shvarāya)

是自在，雅是與格字尾。

布地薩埵哇雅(bodhisattvāya)

是菩提薩埵，簡稱菩薩。雅是與格字尾，表示對聖觀自在菩薩予以禮敬。

瑪哈(mahā)

是摩訶，意思是大。

薩埵哇雅(sattvāya)

是加上與格字尾的薩埵，意思是有情，英文是 being 。與前詞合起來常簡譯爲摩訶薩，意譯是大士。

瑪哈(mahā)

是大。

嘎嚕尼加雅(kāruṇikāya)

是加上與格字尾的悲者，與前者合起來是大悲者。

即說咒曰

4.

愛華漢音	達地雅他
梵文拼音	tadyathā
作者漢譯	即說咒曰

看到一個咒語，最好的提綱契領，是先找出「達地雅他」(tadyathā)這一句。此句在玄奘漢譯《心經》中譯成「即說咒曰」，是咒語內容的重要分水嶺，在型式完整的咒語裏，此句之前是歸敬文，此句之後是咒語的中心內容。

此句在大悲咒與〈準提咒〉中被譯爲「怛姪他」，從「姪」的台語念成「dy」或「dya」來看，這也是正確的漢字音譯。

咒語中心內容

5.

愛華漢音	嗡 達啦 達啦 提力 提力 杜露 杜露 易笛 威易笛 加列 加列 不啦加列 不啦加列 固蘇美 固蘇瑪 哇壘 易利 密利 積地 作哈啦 瑪巴納雅
梵文拼音	oṃ dhara dhara dhiri dhiri dhuru dhuru iṭṭe viṭṭe cale cale pracale pracale kusume kusuma vare ili mili cite jvalam-apanaya

在即說咒曰之後，由咒語常見的起始語「嗡」(oṃ)引領，正式誦出「咒語中心內容」。

此段雖然部份內容是正式的梵文，有字面意義，但我較贊成將全段看成是以音效爲主的內容。換句話說，我覺得本咒此段只是透過某些意義不明的神秘音聲，加上部份有字面意義的文字，來與「十一面觀音」溝通或向他祈求，全段不一定有也不必要求它有完整的文字意義。茲分句說明如下：

首先是本咒最好聽的一段：

達啦 達啦，提力 提力，杜露 杜露

(dhara dhara, dhiri dhiri, dhuru dhuru)

雖然大悲咒的第30句與第28句內容也有與本咒相同的陀羅 陀羅(dhara dhara，意思是堅持 堅持)，及度盧 度盧(dhuru dhuru ，意思是堅守 堅守)，但我覺得此六句是對應於大悲咒的第43 、 44 、 45句：「娑囉 娑囉，悉唎 悉唎，蘇嚧 蘇嚧(sara sara, siri siri, suru suru)」。我認爲此二者皆爲(x)ara (x)ara, (x)iri (x)iri, (x)uru (x)uru的型式，這種型式的咒音，是一些觀音系統的咒語及祈雨咒中很常見的取特殊音效的內容。

易笛 威易笛(iṭṭe viṭṭe)

可能無字面意義。

加列 加列(cale cale)

應該來自cala，有運動、移動、去吧等意思，此字在大悲咒爲第33句，音譯爲「遮囉 遮囉」(cala cala)。

不啦加列 不啦加列 (pracale pracale)

本字來自cale加上梵文字頭pra，字頭pra的英文意思是before 、 in front ， pracale意思是運動、搖動、離去或move on 、 depart等。依藏文發音的習慣，pra常會念成ja或jar，自藏文音譯的漢字因此常寫成「匝」。

固蘇美(kusame)

來自固蘇瑪(kusuma)，二者只差表示格的字尾 a 與 e 。

固蘇瑪(kusama)

此字意思是花，英文是 flower 、 blossom 。

哇壘(vare)，易利(ili)，密利(mili)

可能皆無字面意義。

積地(cite)

若是 citte 則是來自 citta ，意思是心。

作哈啦(jvala)

漢文是火焰，英文是 flame 。本字此處正確的文法字尾格變化有可能是 jvala 或 jvalam ，若是 jvalam ，因梵文的連音規則，這個最後的m字會接到下一個字的第一個母音前面，因此m加下一字的apanaya會變成mapanaya。

瑪巴納雅(mapanaya)

apanaya 意思是除去、遠離，英文是 lead away 、 take away 。此字會念成 mapanaya 是由於梵文的連音規則，將上一字jvalam的最後一個m字接到本字來念。在不同的版本裏此字也有寫成(m)āpanaye ，如是則應來自 āpana 一字，意思是到達、得到，英文是 obtaining 、 coming to 。咒文用字精簡但含意深遠，此處不論是 apanaya 或 āpanaye ，二種意思都通。

結尾文

6.

愛華漢音	梭哈
梵文拼音	svāhā
傳統漢音	娑婆訶

最後是咒語常見的結尾語莎婆訶(svāhā)，此字梵文發音接近現代國語的「刷哈」，依標準的藏文羅馬拼音轉寫法如美國國會圖書館(USLC)轉寫法，本句的藏文會轉寫成與梵文全同的svāhā，但藏人念誦時卻常念成soha（梭哈）。

印順導師在《般若經講記》最後一頁中說：「『薩婆訶』這一句，類似耶教禱詞中的『阿門』，道教咒語中的『如律令』。」這應該是向現代人解釋「娑婆訶」時，最簡單而且最容易明瞭的解釋法。

即說咒曰、咒語中心內容和結尾語此部份的內容，有些人稱之為十一面觀音咒的心咒，修行時常會先持數次完整的咒語(即根本咒)，接著就只誦持此段心咒，時間不足時，也可只持此心咒。

梵漢對照十一面觀音咒

愛華漢音 1.南摩 惹納 達拉雅雅 南摩 阿里雅 佳納 薩嘎拉
貝勒佳納 尤哈 拉佳雅 達他嘎達雅 阿啦哈帝
桑雅桑布達雅

2.納摩 薩嚕哇 達他嘎提唄 阿啦哈達唄
桑雅桑布提唄
3.南摩 阿里雅 阿哇嚕格帝秀哇啦雅 布地薩埵哇雅
瑪哈 薩埵哇雅 瑪哈 嘎嚕尼加雅
4.達地雅他
5.嗡 達啦 達啦 提力 提力 杜露 杜露 易笛
威易笛 加列 加列 不啦加列 不啦加列 固蘇美
固蘇瑪 哇壘 易利 密利 積地 作哈啦 瑪巴納雅
6.梭哈

梵文拼音 1. namo ratna trayāya nama ārya jñāna sāgara vairocana
vyūha rājāya tathāgatāya arhate samyaksaṃbuddhāya
2.namaḥ sarva tathāgatebhyaḥ arhatebhyaḥ samyaksaṃ-
buddhebhyaḥ
3.nama ārya avalokiteśvarāya bodhisattvāya mahā
sattvāya mahā kāruṇikāya
4.tadyathā
5.oṃ dhara dhara dhiri dhiri dhuru dhuru iṭṭe
vṭṭe cale cale pracale pracale kusume
kusuma vare ili mili cite jvalam-apanaya
6.svāhā

開啓眞正的智慧

文殊五字咒

文殊師利菩薩，梵文名爲Mañjuśrī，漢字音譯爲文殊尸利、曼殊室利、滿祖室哩等，簡稱爲文殊、滿濡。別名文殊師利法王子、文殊師利童子或孺童文殊菩薩。

掌管智慧的文殊菩薩

中國人一般所通稱的四大菩薩名號，除了文殊是音譯以外，其他三位普賢、觀音及地藏皆是意譯。mañ譯爲「文」，從今天的國語發音來看不太正確，但在當時發音可能極爲接近，廣東話「文」的拼音是man，台語則接近mum。mañju音譯爲文殊，是妙、美妙的意思；śrī是吉祥、繁榮、威嚴美好等意，常漢譯爲德、勝、妙相、吉祥等，二字合起的意譯爲妙吉祥或妙德。

有些經典記載文殊師利菩薩爲歷史人物，如《文殊師利般涅槃經》(T-14, 463, p.480c) 中說：文殊師利菩薩生於多羅聚落梵德婆羅門家，出生之時家內屋宅化如蓮花，墮地即能說話如天童子。

也有經典說文殊師利菩薩早已成佛，如《首楞嚴三昧經》下卷（T-15, 642, p.644a）中佛陀說：無量劫以前有一位龍種上如來，國名平等，……爾時平等世界的龍種上佛即文殊師利法王子。

此外還有經典記其爲當來佛或在他方世界教化的菩薩，有關這些經典及資料，在印順導師所著《初期大乘佛教之起源與開展・有關文殊菩薩的教典》中有詳細說明。

一般佛教徒根據大乘經典的說法，常將文殊菩薩當做掌管智慧的菩薩。其畫像爲右手持金剛劍，左手把梵夾或青蓮花。文殊菩薩的形像也有不少是童子裝扮，一般多稱其爲文殊師利童子。五字咒搭配的爲頭上盤有五個螺髻。他與童子及年輕人很有緣，在《大方廣佛華嚴經・入法界品第三十九之三》(T-10, 279, p.331c)，可見到五百童男與五百童女來拜見文殊師利童子聽他說法。一些大乘經典也皆以文殊師利爲上首菩薩；他在十方諸大菩薩中，總是居於領導地位，追隨他的那些大菩薩衆也大多是青年型及追求智慧型者。

各種文殊咒

文殊的咒語種類很多，較出名的短咒有一字、五字、六字、八字等，其中以五字咒最為盛行。所謂「幾字」之說，是不計咒語的起始字「唵(oṃ)」，其字數以梵文悉曇字的字數為準，漢譯有時會多一些，如下列的第一個一字咒為「二合」音，第二個一字咒為「四合」音，兩者的悉曇字都只有一個，但漢字音譯為二與四個漢字。

一字陀羅尼

一字陀羅尼有兩種漢譯：

一為寶思惟所譯之《大方廣菩薩藏經中文殊師利根本一字陀羅尼經》(T-20, 1181, p.780a)，咒語為：

唵　齒刿二合

oṃ śrhyiṃ 或 trhyiṃ

一為義淨所譯的《曼殊室利菩薩熈藏中一字熈王經》(T-20, 1182, p.781a)，咒語為：

唵　叱洛呬焰四合

oṃ śrhyiṃ

前為二合，後為四合，即二或四個漢字合成一個悉曇字。要瞭解此字的組成，一定要用悉曇字的觀念：此字是由 1.叱（ś 或 t）、2.洛（r）、3.呬（h）、4.焰（y 加上母音 i 及尾韻 ṃ 而成

yiṃ），等四個漢字組成一個悉曇字，因此稱爲四合。

六字陀羅尼

六字陀羅尼有菩提流志所譯的《六字神咒經》(T-20, 1180, p. 779b)，咒語爲

唵　婆髻馱那莫

oṃ vakeda-namaḥ

八字陀羅尼

八字陀羅尼有淨智金剛所譯之《大聖妙吉祥菩薩祕密八字陀羅尼修行曼荼羅次第儀軌法》(T-20, 1184, p.784b)，咒語含唵字共八字爲

唵　阿味羅𤙖佉左洛

oṃ āḥ vī ra hūṃ kha ca raḥ

（而大藏全咒新編為：oṃ abīra hūṁ khaṃ cara）

五字陀羅尼

《大正藏》所收與五字咒有關的經典共有六部（經號1171至1176），其中五經爲不空所譯，一經爲金剛智所譯。一般最盛行

的文殊菩薩咒語爲：

唵　阿囉跛者曩地

oṃ a ra pa ca na dhīḥ

除去第一個起始語的「唵」(oṃ)字及最後一個種子字「地」(dhīḥ)，中間五字常被稱爲五字陀羅尼，即五字咒。六個譯本中，「ca」和「na」所對應的漢字略有差異。

種子字

文殊菩薩的種子字，最常見的是「滿」(maṃ)，取其梵文名mañjuśrī（文殊室利)的第一字。文殊咒中的「地」(dhīḥ)除了是文殊的種子字，也是般若菩薩的種子字；而般若菩薩另有一種子字是jña，是取自般若(prajña)的第二個悉曇字。密教裡一尊有多種種子字與同一種子字代表多位的情形很多，如hrīḥ既是觀世音菩薩的種子字，也是阿彌陀佛的種子字。

持咒的功德與用途

由《金剛頂瑜伽文殊師利菩薩經》，可知持誦文殊五字咒的主要功德爲：罪障消滅，獲無盡辯才，所求世間、出世間事悉得成就，離諸苦惱，五無間等一切罪障永盡無餘，證悟一切諸三昧門，獲大聞持，成阿耨多羅三藐三菩提等等。

同經又說：「一切如來所說法，攝入五字陀羅尼中，能令眾生般若波羅蜜多成就。」所謂般若波羅蜜多成就，即智慧成就。難怪一般佛教徒會認為持誦文殊五字咒可令人獲得智慧成就，且持此一咒就包含一切如來所說法。

除了修習文殊法獲取智慧以求證得涅槃的佛教修行者外，在一般人的觀念裏，文殊菩薩是智慧的象徵，因此很多正值求學階段的學生及家長，會禮拜文殊菩薩像或持誦文殊咒，祈求得到庇佑並增長智慧，以利於考取理想學校或完成學業。這可能也與文殊菩薩常現童子像且與童子及年輕人有深厚淵源之故有關。

即使有人一生皆處於順境，但面對每日的工作總有較好、較壞的做法要選擇，或精益求精地找尋最佳解決之道等種種問題要面對。況且人生當中難免有面對困難不知如何取捨、解決的時候，因此很多人都希望能開啓智慧以尋求解決之道，其中有些人很自然地會找上能賜予智慧的文殊菩薩，並學習或持誦文殊菩薩咒。

近年台灣藏密流行，加上中國人傳統上喜歡求神問卜的習性，密宗占卜法因而大行，全佛出版社的《西藏密宗占卜法》一書，序中說：「它的權威性來自具足諸佛智慧的文殊師利菩薩，使人對緣生事情或狀況的結果，能得到準確的答案。」可見此密宗占卜法是以文殊為本尊，依止他的加持和密咒力量，幫助了解事情的狀況及俗世中因果緣起的運作，以便做出正確與最佳的抉擇。也因此使文殊咒的用法在中國變得更加寬廣。

五字咒的意義

佛典中有關字母字門的資料很多，但以四十二字門及五十字門兩種爲主。五十字門與今日的梵文字母相同；四十二字門雖各家說法不一，但每家的前五個字母都是「a-ra-pa-ca-na」，文殊五字咒即是取用這五個字。

有關五字咒意義的解釋，以《五字陀羅尼頌》中的偈誦最好記，其內容爲：

> 阿(a)者無生義；囉(ra)無塵染義；跛(pa)無第一義，諸法性平等；者(ca)無諸行義；娜(na)無性相義。

以下茲列出文殊五字咒的梵藏漢對照，並依此偈的說法逐字說明其來源及意義：

羅馬拼音	oṃ	a	ra	pa	ca	na
梵文悉曇	𑖌𑖼	𑖀	𑖨	𑖢	𑖓	𑖡
梵文天城	ॐ	अ	र	प	च	न
藏文轉寫	ཨོཾ	ཨ	ར	པ	ཙ	ན
漢字音譯	(唵)	阿	囉	跛	者	曩

阿(a)

是 anutpāda 的第一個悉曇字，此字原爲 an-utpāda ，an

（同a）是否定語，用於母音之前；utpāda爲生之意，英文爲birth 、 production 。an-utpada爲無生、無有生等意。因此被解釋爲一切法不生；在五字陀羅尼頌中，「阿」(a)爲無生義。

囉(ra)

是rāga或rati的第一個悉曇字，rāga漢譯爲貪、貪愛、貪欲、愛染、欲著等意；英文爲any feeling or passion、love 、 affection or sympathy for 、 interest or joy or delight in 等。rati漢譯爲愛樂、喜樂、欣慰、染著；英文爲pleasure 、 fondness for 、 the pleasure of love 。釋爲成熟有情解脫各種染著；在五字陀羅尼頌中，「囉」(ra)爲無塵染義，是取阿(a)的否定詞加上囉(ra)而成。

跛(pa)

是paramārtha的第一個悉曇字，漢譯爲勝義、最勝義、眞實、第一義、眞諦、眞如、實性；英文爲the highest or whole truth 、 spiritual knowledge 、 the best sense 、 the best kind of wealth 。釋爲一切法性空故，所取能取皆泯；在五字陀羅尼頌中，「跛」(pa)爲無第一義，諸法性平等。是取阿(a)的否定詞加上跛(pa)而成。

者(ca)

是caryā的第一個悉曇字，漢譯爲行、所行、所行道、事、業；英文爲 going about 、 wandering 、 practising 、 performing 、 engaging in 。釋爲行六波羅蜜之菩提道；

在五字陀羅尼頌中，「者」(ca)爲無諸行義。

囉(ra)跛(pa)者(ca)之前加有否定詞(a)，因而變成無塵染義、無第一義及無行義。

曩(na)

是 nairātmya（或 nairātma）的第一個悉曇字，漢譯爲無性或無我，英文爲nonselfhood。釋爲一切法無實體故，人法無我；在五字陀羅尼頌中，「娜」(na)爲無性相義。

快速學習法

《人生》雜誌刊有一篇辜琮瑜小姐對我的專訪（見本書附錄），文中提到我常用編笑話的方式讓人很快學會咒語。有讀者問起是怎麼一回事？以下我想以文殊五字咒爲例作個說明。

從最新的學習理論得知，以圖像或誇張的語文、動作來學習是最佳的記憶方式。初學本咒oṃ a-ra-pa-ca-na-dhīḥ時，很難立刻記得這七個字的內容與順序，念誦時將其中幾字前後顚倒或遺忘是常有的事。我講授的記憶法是：請想像「一個阿拉伯人趴在加拿大的地上，向文殊菩薩求取智慧」的景象。大多數讀者只要一看到或想到這個畫面，便能立刻記下「阿拉趴加拿地」(a-ra-pa-ca-na-dhīḥ)這個咒語。這種教學法不易以文字描述，若能到現場看圖像與動作演練，保證只要一分鐘的學習，即可終生不忘此咒。

不過這種學習法對某些人可能不太適用，例如學會後誦持時會受原來學習工具的圖像干擾的人。但我相信，絕大多數的人在一心不亂地持誦咒語時，不會受這種影像影響，因此在教學時仍視對象而常使用此種方法。

文殊種子字

一、梵文悉曇字

śrī　　maṃ

二、藏文

śrī　　maṃ

掃除修行上的障礙

百　字　明

〈百字明〉也稱爲〈百字眞言〉、〈金剛百字明〉或〈金剛薩埵百字明〉，是密教信徒每日必誦的咒語之一。在藏傳佛教它屬四加行之一，在漢傳佛教有不少信徒用它當「補闕眞言」。

百字明簡介

百字明的「百字」，意指本咒是由一百個悉曇字（或藏字）組成，本咒英文名爲 The hundred syllable mantra ，意思即一百個音節的咒。漢譯本因用了許多二合字來表示二個子音相連如jra、tve 等字，因此字數超過一百。而「明」的對應梵文是 vidya ，簡單說可將「明」當成是「眞言、咒語(mantra)與陀羅尼(dhāraṇī)」的同義詞，因此百字明又名爲百字眞言，或〈百字咒〉。

事實上在佛教咒語裏與百字明非常接近的咒語有好幾種，其中較出名的是所謂的金剛界「五部百字明」，即〈佛(Buddha)部百字明〉、〈金剛(Vajra)部百字明〉、〈寶(Ratna)部百字明〉、〈蓮華(Padma)部百字明〉、以及〈羯磨(Karma)部百字明〉。五者的咒文內容除了此五部名稱及最後的種子字不同外，其餘咒文內容完全相同。以金剛百字明爲例，只要將咒文中出現四次的「金剛」全換成「蓮花」，並將種子字改成hrīḥ，就變成蓮花百字明，餘此類推。一般人說到百字明時指的只是金剛部的百字明。

密教金剛界最重要的經典是俗稱《金剛頂經》的系列經典。傳說中完整的金剛頂經有十八會（共十萬頌），現在流傳的只有十八會中的初會（只存四千頌）。初會共有四品：即〈金剛界品〉、〈降三世品〉、〈遍調伏品〉、〈一切義成品〉。

本文所介紹的漢譯本百字明用於中國漢語地區、日本及韓國，其內容依據是漢譯本中的不空譯本（註一）。藏傳佛教所用的金剛百字明依傳承不同互相稍有小差異，但大體與本文所述相同。台灣常見的藏傳百字明，其與漢傳百字明最主要的差別在第5句與第6句的順序相反。但大藏全咒新編所收藏文資料卻與漢傳順序相同。此外藏傳百字明最後有些是加上hūṃ（吽）或hūṃ phaṭ（吽　吽吒）做結尾，不過如此一來百字明就多於百字了。

百字明的功效

本咒的用途主要爲淨除罪業，及補足闕失，因此常用於淨罪法及補闕法。

藍吉富教授主編的《中華佛教百科全書》說：「百字明是金剛薩埵淨罪法中所持之長咒，加行十萬遍即指對此咒之誦持。除加行計數外，每晚臨睡可持誦此咒七遍以懺除日間之過犯。法務儀式之結尾亦往往誦之補闕失。密宗弟子往往領有多尊之灌頂，無法全修，一方面可將諸尊匯入本尊而修之，另一方面則宜每晚念百字明以補闕。」

鄭振煌教授譯自英文的《了義炬》(*The Torch of Certainty*)，書中第三章是〈淨業除障的金剛薩埵百字明〉，全篇介紹四不共加行之二的百字明。該書說：「金剛薩埵百字明是所有醫治門中最值得讚美的，因為它能清除所有此類惡業。」該書收有一段〈百字明頌〉，引用一段印度的作品說明百字明的功德，宣稱「念本咒有無量立即和究竟的利益」。又說：「只要你努力如此觀想和念咒，你的輕微惡業即可完全滌清。你的重大惡業不會增加，而會受到仰制，並逐漸清淨。」（註二）

不空與施護的譯本中，在百字明後各附有一段有關持誦此咒的功德，可見本咒淨除罪業及終極成就的功效，茲引原文如下：

不空譯本：「由此真言，設作無間罪，謗一切如來，及方廣大乘正法，一切惡作，尚得成就。一切如來印者，由金剛薩埵堅固體故，現生速疾，隨樂得一切最勝成就，乃至獲得如來最勝悉地。婆伽梵、一切如來、金剛薩埵作如是說。」

施護譯本：「由是心明故，設有違背如來，毀謗正法，造是五無間業，及餘一切惡作之人，於一切如來密印欲求成就者，於現生中亦得金剛薩埵堅固體性，隨其所樂，若最上成就，若金剛成就，若金剛薩埵成就，乃至一切如來勝上成就等，一切成就皆悉獲得。此即具德一切如來金剛薩埵作如是說。」

梵英漢對照釋義

依十一句分句法逐句逐字說明百字明梵文本如下：

1.

梵文拼音	oṃ vajra - sattva samaya mānupālaya
通行漢音	唵 嚩日羅 薩怛嚩 三摩耶 麼努波攞耶
作者漢譯	唵！金剛薩埵三昧耶！請保護我！
作者英譯	Om!Vajra-satta-samaya!Please protect me!

唵(oṃ)

是咒語常見的起始語。

嚩日羅(vajra)

是金剛。

薩怛嚩(sattva)

是薩埵，即有情、衆生。

三摩耶(samaya)

是三昧耶。

麼努波攞耶(mānupālaya)

來自mām + anupālaya。mām爲mad的受格，單數，意爲「對我」，英文是to me。可能是佛教咒語所用梵文不完全遵照文法規則的關係，所以省略一個m音而使得mām-anu依連音規則變成mānu。

anupālaya來自anu + pālaya，是第二人稱單數，命令形，意爲「請你守護」，英文是please protect me。此字原義爲長養、保護、擁護，英文是keeping、maintaining、protecting。

整句意思是：唵！金剛薩埵三昧耶！請保護我！（請維護我！）

2.

梵文拼音	vajra sattva－tvenopatiṣṭha
通行漢音	嚩日羅 薩怛嚩 怛尾怒波底瑟奼
作者漢譯	請以金剛薩埵之本質示現予我！
作者音譯	Please appear to me with the nature of vajra-sattva!

嚩日羅(vajra)

是金剛。

薩怛嚩 怛尾怒波底瑟奼(sattva-tvenopatiṣṭha)

來自sattvatvena + upatiṣṭha。薩怛嚩(satva)是薩埵，即有情、衆生；sattvatvena是sattvatva加上具格語尾，意思是「以薩埵的位置或以薩埵的性質」如何如何。

upatiṣṭha 來自 upa + tiṣṭha 。 upa 是相當於英文 toward 的字頭， tiṣṭha 是動詞√ sthā 的第二人稱單數，祈願形，英文是 stand 。此字原意爲接近、出現、示現等意，英文是 appear 、 stand near 、 be present 。

整句意思是：請以金剛薩埵之本質示現予我！或請以金剛薩埵之本質接近我或靠近我！

3.

梵文拼音	dṛḍho me bhava
通行漢音	捏哩濁　寐　婆嚩
作者漢譯	請爲我堅固!
作者英譯	Please be firm to me!

捏哩濁(dṛḍho)

來自 dṛḍhas，因爲連音規則 as 會變 o，第4 、 5 、 6 三句的 as 也皆變成 o 。 dṛḍhas 爲 dṛḍha 的單數，主格，意爲堅牢、堅固、不動，英文是 fixed 、 firm 、 hard 、 strong 、 solid 、 massive 。

寐(me)

爲 mad 的與格，單數，意爲「予我」，英文是 for me 。

婆嚩(bhava)

是動詞√ bhū 的第二人稱單數，命令形。此字原意爲成、作、有，英文是 coming into existence 、 birth 、 production 、 being in 。

me bhava 用英文來解釋是 please be xxx for me 或 please become xxx for me ，漢文是「請爲我而 xxx」或「請爲我而變成 xxx」的意思。

整句意思是：請爲我堅固！或請爲我堅強！

在漢譯裏我將此句譯爲堅固，是因歷史上三譯本在百字明前後的經文中皆提到「堅固」。其後之經文已在本文的百字明功效中說明，茲引其之前的不空譯本原文如下：

不空譯本：「我今說一切都自身口心金剛中，令作如金剛儀軌。若印加持緩慢，若意欲解，則以此心真言，令作『堅固』，真言曰：……」

4.

梵文拼音	sutoṣyo me bhava
通行漢音	蘇都使庾 寐 婆嚩
作者漢譯	請對我滿意!
作者英譯	Please be well satisfied with me!

蘇都使庾(sutoṣyo)

來自sutoṣyas，爲形容詞sutoṣya的單數，主格，意爲易善滿足，英文是easy to be satisfied。此字由su+ toṣya組成，su是個字頭，漢文是好，英文是well的意思；toṣya是滿足、歡樂的意思，英文是 satisfaction 、 pleasure 、joy ，合起來變成 well-satisfied 。

寐　婆嚩(me bhava)

在本咒中共連用四次，請見第 3 句的解釋。

整句意思是：請對我高興！(Please be happy to me!) 請對我滿意！或請高興、請滿意；也有請高興地接受我的奉獻、讚頌與祈禱等意思。

5.

梵文拼音	anurakto　me　bhava
通行漢音	阿努囉羯都　寐　婆嚩
作者漢譯	請喜愛我！
作者英譯	Please be fond of me!

阿努囉羯都(anurakto)

來自 anuraktas, 爲形容詞 anurakta 的單數，主格，意爲喜歡、歡喜、愛好，英文是 fond of 、attached 、pleased 、 beloved 。

寐　婆嚩(me bhava)

在本咒中共連用四次，請見第 3 句的解釋。

整句意思是：請喜歡我！或請讓我與你連繫(attached)在一起！

6.

梵文拼音	supoṣyo　me　bhava
通行漢音	蘇布使庾　寐　婆嚩
作者漢譯	請爲我而興盛！
作者英譯	Please be prosperous for me!

蘇布使庾(supoṣyo)

來自 supoṣyas 爲形容詞 supoṣya 的單數，主格，意爲善養、易養的，英文是 prosperous 、easy to be maintained。此字是由 su+poṣya 組成，su 是好、well，poṣya 是興盛、豐富、繁榮，英文是 thrive、abundant、prosperity 之意。

寐 婆嚩(me bhava)

在本咒中共連用四次，請見第 3 句的解釋。

整句意思是：請爲我興盛！也有請讓我旺盛或請讓我帶給他人繁榮的意思。

7.

梵文拼音	sarva siddhiṃ me prayaccha
通行漢音	薩嚩 悉朕 寐 鉢囉也車
作者漢譯	請賜給我一切成就！
作者英譯	Please give me all success！

薩嚩(sarva)

意爲一切、皆、總、全部，英文是 whole、entire、all、every 。

悉朕(siddhiṃ)

爲陰性名詞 siddha 的受格，單數，意爲成就、成功、完成，英文是 accomplishment 、 success 。

鉢囉也車(prayaccha)

是動詞 pra √ yam 的第二人稱單數，命令形，意爲「請給予」。me prayaccha（寐　鉢囉也車）意爲請給我，英文是 please give me 。

整句意思是：請給我一切成就！

8.

梵文拼音	sarva karmasu ca me citta- śriyaḥ kuru hūṃ
通行漢音	薩嚩 羯摩素 者 寐 質多 室哩藥 矩嚕 吽
作者漢譯	且讓我心於一切業中榮耀！吽！
作者英譯	And make my mind glorious with regard to all karma! Hum!

薩嚩(sarva)

爲一切，英文是 all 。

羯摩素(karmasu)

爲中性名詞 karman 的位格，單數，意爲於一切業中。

者(ca)

是及，英文是 and 。

寐(me)

是爲我，英文是 for me 。

質多(citta)

意爲識、心、心意，英文是 mind 。此處漢音爲質多，對應字應爲 citta ，但大藏全咒新編寫成 cittam 。

室哩藥(śriyaḥ)

爲女性名詞śriyas的受格，複數，意爲吉祥、勝德、妙德，英文是splendor、glory。大藏全咒的藏文本將此字寫成 sriyam 。

矩嚕(kuru)

是動詞√ k ṛ 的第二人稱，單數，命令形，意爲請形成、實行、實施，英文是 please do 。

吽(hūṃ)

是咒語常見的結尾詞之一，如〈六字大明咒〉的最後一字就是。它也是金剛薩埵、愛染明王及軍荼利明王等多位的種子字。

整句意思是：且讓我心於一切業中榮耀！吽！（當然榮耀也能解釋成光輝、光耀等。）

9.

梵文拼音	ha ha ha ha hoḥ
通行漢音	呵 呵 呵 呵 斛
作者漢譯	哈！哈！哈！哈！厚！
作者英譯	Ha!Ha!Ha!Ha!Hoh!

呵 呵 呵 呵 斛(ha ha ha ha hoḥ)

是一段可能無字面意義的音。呵（ha）有人解釋成是笑聲。ha（呵、哈）在咒語裏很常見，它有強調的意思，英文是 indeded 、 certainly 、 of course 等意思。斛（hoh）有人說是表示歡喜的種子字。

此句我取其音，漢譯用哈！哈！哈！哈！厚！

10.

梵文拼音	bhagavaṃ sarva tathāgata vajra mā me muñca
通行漢音	婆伽梵 薩嚩 怛他蘗多 嚩日囉 摩 弭 悶遮
作者漢譯	世尊！一切如來金剛！請勿捨棄我！
作者英譯	Bhagavan! All Athagata-vajra! Please do not give me up!

婆伽梵(bhagavaṃ)

即bhagavan，是bhagavat的單數，呼格，意思是世尊。

薩嚩(sarva)

是一切，英文是 all 。

怛他蘗多(tathāgata)

是如來。

嚩日囉(vajra)

是金剛。

摩(mā)

表示禁止，用於命令式，是個不變詞，英文是not、do not、 would that not 。

弭(me)

是爲我，英文是 for me 。

悶遮(muñca)

是動詞√ muc 的第二人稱，單數，命令形，意爲請捨離、脫開、解放；英文是freeing or delivering from、letting go 。

整句意思是：世尊！一切如來金剛！請勿捨棄我！或請勿遠離我的意思。

11.

梵文拼音	vajri bhava mahā- samaya sattva āḥ
通行漢音	嚩日哩 婆嚩 摩訶 三摩耶 薩怛嚩 噁
作者漢譯	請成爲金剛擁有者！大三昧耶薩埵！啊！
作者英譯	Please be the possessor of the vajra! The great-samaya-satta!Ah!

嚩日哩(vajri)

是vajrin(vajra + in)的單數，呼格，是「擁有金剛者啊！」或「金剛者啊！」的意思。

婆嚩(bhava)

英文是please be，請見第3句的說明；二者合起來是請成爲擁有金剛者意思。也有人依「入我我入」的觀念解釋說本句有：讓我成爲金剛擁有者。

摩訶(mahā)

是大，英文是great 。

三摩耶(samaya)

是三昧耶。

薩怛嚩(sattva)

是薩埵，即有情、衆生，英文是being 。

噁(āḥ)

是密教教主大日如來的種子字。

整句意思是：請成爲金剛擁有者！大三昧耶薩埵！阿！

悉曇百字明
oṃ va jra sa ttva sa ma ya mā nu
pā la ya va jra sa ttva tve no pa
ti ṣṭha dṛ ḍho me bha va su to ṣyo
me bha va a nu ra kto me bha va
su po ṣyo me bha va sa rva si ddhiṃ
me pra ya ccha sa rva ka rma su ca
me ci tta śri yaḥ ku ru hūṃ ha ha
ha ha hoḥ bha ga vaṃ sa rva ta thā
ga ta va jra mā me mu ñca va jri
bha va ma hā sa ma ya sa ttva āḥ

梵英漢對照百字明

梵文拼音 1. oṃ vajra-sattva samaya mānupālaya

2. vajra sattva-tvenopatiṣṭha

3. dṛḍho me bhava

4. sutoṣyo me bhava

5. anurakto me bhava

6. supoṣyo me bhava

7. sarva siddhiṃ me prayaccha

8. sarva karmasu ca me citta-śriyaḥ kuru hūṃ

9. ha ha ha ha hoḥ

10. bhagavaṃ sarva tathāgata vajra mā me muñca

11. vajri bhava mahā-samaya sattva āḥ

通行漢音 1. 唵 嚩日羅 薩怛嚩 三摩耶 麼努波攞耶

2. 嚩日羅 薩怛嚩 怛尾怒波底瑟姹

3. 捏哩濁 寐 婆嚩

4. 蘇都使庾 寐 婆嚩

5. 阿努囉羯都 寐 婆嚩

6. 蘇布使庾 寐 婆嚩

7. 薩嚩 悉朕 寐 鉢囉也車

8. 薩嚩 羯摩素 者 寐 質多 室哩藥 矩嚕 吽

9. 呵 呵 呵 呵 斛

10. 婆伽梵　薩嚩　怛他蘖多　嚩日囉　摩 弭　悶遮
11. 嚩日哩　婆嚩　摩訶　三摩耶　薩怛嚩　噁

作者漢譯 1. 唵！金剛薩埵三昧耶！請保護我！
2. 請以金剛薩埵之本質示現予我！
3. 請爲我堅固！
4. 請對我滿意！
5. 請喜愛我！
6. 請爲我而興盛！
7. 請賜給我一切成就！
8. 且讓我心於一切業中榮耀！吽！
9. 哈！哈！哈！哈！厚！
10. 世尊！一切如來金剛！請勿捨棄我！
11. 請成爲金剛擁有者！大三昧耶薩埵！阿！

作者英譯 1. Om! Vajra-sattva-samaya! Please protect me!
2. Please appear to me with the nature of vajra-sattva!
3. Please be firm to me!
4. Please be well satisfied with me!
5. Please be fond of me!
6. Please be prosperous for me!
7. Please give me all success!
8.And make my mind glorious with regard to all karma! Hum!
9.Ha! Ha! Ha! Ha! Hoh!

10.Bhagavan! All tathagata-vajra! Please do not give me up!

11.Please be the possessor of the vajra! The great-samaya-sattva! Ah!

註釋：

註一　歷代漢譯有三本：

一爲《金剛頂一切如來眞實攝大乘現證大教王經》三卷，是唐代不空所譯；二爲《金剛頂瑜伽中略出念誦經》四卷，是唐代金剛智所譯。前者即初會四品中金剛界品的譯本，而後者是十八會初會的摘略本。三爲十八會初會的全譯本，是宋代施護所譯的三十卷《佛說一切如來眞實攝大乘現證三昧大教王經》。金剛百字明在第一本位於下卷(T-18, 865, p.222c16)，在第二本位於第二卷(T-18, 866, p.239a12)，在第三本位於第六卷(T-18, 882, p.358c6)。三者漢字分別爲115、115、116字。

註二　筆者重編了清代巨作《滿漢蒙藏四體合璧大藏全咒》，新書名爲《大藏全咒新編》，計有十八冊，預計西元2000年年底付梓印行。新編收錄有451部經、10402個咒，內容包括：(一)各經、咒重新編號(二)每一咒語原是以滿、漢、蒙、藏四種語體並列，新編加入梵語羅馬拼音。拼音原則根據原書所收《同文韻統》的對應梵音。(三)找出每一咒語的對應漢譯咒文。(四)記錄漢譯咒文的出處，包括冊號及經頁行次。主要收錄《大正藏》，此藏沒有對應咒文者，則依《乾隆大藏經》。（五）擇取漢譯出處的相關咒名。（六）原書夾注部分，再添注解。（七）咒語內容與八田幸雄著《眞言事典》有對應者，則收錄前書內容，並迻譯其意譯部分成中文。（八）八種索引，利於檢索：1. 經咒名目序號綜覽，2. 新舊全咒頁次對照，3. 經名藏文字母索引，4. 經名中文筆畫索引，5. 漢譯經名新舊對照，6. 咒名中文筆畫索引，7. 咒文英文字母索引，8. 經咒漢譯出處索引。

上述經咒文發行之後，筆者計劃陸續出版《大藏全咒新編》的系列研究，包括：（一）重新整理原書音韻部分，原以藏文撰寫的《讀咒法》，迻譯成中文，重編《同文韻統》等。（二）編纂常用悉曇咒文，計劃將淨嚴和尚編的《普通眞言藏》轉寫成羅馬拼音，並與《大藏全咒新編》對照。（三）重新轉寫及整理房山石經中的《釋教最上乘秘密藏陀羅尼》三十卷。匯整與重編咒語的工作，以作爲全面認識咒語的基礎。

註三　文中提到的「憤怒嘿嚕嘎百字明」(T-20,1173, p.712b16)，內容同前述五部百字明，但以「嘿嚕嘎」取代「金剛」等。

圓滿所求的陀羅尼

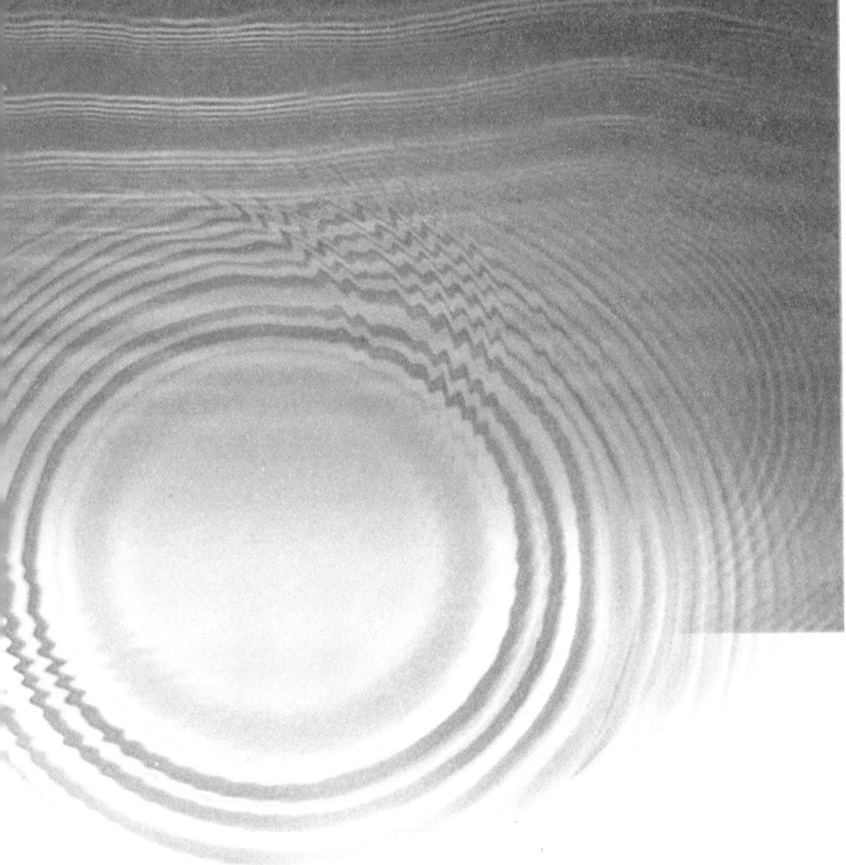

有求必應

如意寶輪王陀羅尼

〈如意寶輪王陀羅尼〉(以下簡稱〈如意輪咒〉)，由於有「如人之意」的功效，在十小咒中是個常被單獨念誦的咒語。也許因咒名的關係，就滿足持誦者祈願的用途而言，此咒與大隨求咒二者，可說是最常被用來求取「如人之意」、「所求圓滿」及「隨求即得」的咒語。

本咒出自《如意輪陀羅尼經》(註一)。目前課誦本中十小咒所收譯本主要依據義淨譯本。

觀自在菩薩所說的如意咒

本咒是觀自在菩薩在佛前所說，有不同的譯名。

1.菩提流志譯本為：「大蓮華峰金剛秘密無障礙如意輪陀羅尼」。

2.義淨譯本為：「青蓮華頂栴檀摩尼心，金剛秘密常加護持，所謂無障礙觀自在蓮華如意寶輪王陀羅尼心咒」。

3.寶思惟譯本為：「蓮花峰金剛加持秘密無礙觀世音蓮華如意摩尼轉輪心陀羅尼」。

據義淨譯本所載，此咒「能於一切所求之事，隨心饒益，皆得成就」，「於諸衆生，令其所有悕求，應時果遂」，「能令衆生求願滿足，獲大果報」。因此是個能「如人之意」、「所求皆得」的如意咒。

與其他咒語比起來，如意輪咒與〈準提咒〉一樣，是修持限制很少的咒語。

據義淨譯本所載：持誦此咒無時間限制，不必洗浴淨衣，「但止攝心口誦不懈，百千種事所願皆成」。

據寶思惟譯本念誦法所載：「不簡在家出家飲酒食肉有妻子，但誦此咒必能成就，誦此咒人不須作法，不求宿日，不求持齋，不須洗浴，不須別衣，但讀誦皆悉成就。」

因此本咒是個任何人在任何時間皆可修持，且只要持誦就能所求圓滿的咒語。

混合型咒語

自咒語分類的角度而言，如意輪咒是個很特別的咒語，以下分三點說明：

一、文意

佛教咒語原皆以梵文寫成，就文字意義來說，可分成：1.每個字皆有意義；2.每個字皆無意義，只取音效；3.二者混合型等三種。第1型如〈藥師灌頂眞言〉及〈往生咒〉，第2型如〈文殊五字咒〉，第3型如〈大悲咒〉及〈十一面觀音咒〉。

如意輪咒屬第3型，是除了嚕嚕(ruru) 嚕嚕(ruru)文意不明以外，每個字都有文字意義的咒語。

二、音譯與意譯

漢字翻譯的咒語可分成三種：1.全部音譯；2.全部意譯；3.二者混合型。第1型最常見，如大悲咒、〈楞嚴咒〉及絕大多數的咒語。第2型較少見。如意輪咒文中有：「南無觀自在菩薩摩訶薩　具大悲心者」的意譯咒文，因此屬第3型。

這種音譯意譯混合的方式在咒語中並不多見，在十小咒中嚴格說只此一例，因準提咒雖有「稽首皈依蘇悉帝」等4句，但顯然是後來中國人加上去的，在梵文原典中並不存在。

三、大中小咒

同一本尊的咒語，就咒文長短及用途可分爲大咒、中咒、小咒，或根本咒、（大）心咒、隨心咒等。

以漢傳415字的大悲咒爲例，其心咒爲「唵嚩日囉達磨紇哩」；以藏傳的十一面觀音咒爲例，其心咒即〈六字大明咒〉的「唵嘛呢叭咪吽」。十一面觀音咒在台灣被稱爲藏音修行用大悲咒，其配樂廣爲電視及廣播節目等所採用，對應漢字有153字。

一般修行者會將根本咒及心咒分別念誦，通常是先念幾次（如3次或7次）根本咒，再持誦多次（如108次）心咒。

如意輪咒原本在漢譯時也分成根本咒、心咒及隨心咒等三部份，目前課誦本十小咒中所收內容自「南無佛陀耶」至「莎訶」爲「根本咒（大咒）」；自「唵 鉢蹋摩」至「爍攞 吽」爲「（大）心咒（中咒）」；自「唵 跋喇陀」之後爲「隨心咒（小咒）」。相信此三者以前也是分別念誦，但不知始自何時有人將此三者合併連續念誦，之後此方式被收入早晚課誦本而延用至今，因此今日十小咒中所見的內容即爲大、中、小咒三者連續念誦。

大中小咒意義

茲分大、中、小三咒，分別說明本咒梵文原文及意義如下：

一、大咒（根本咒）

1. 南無佛陀耶　南無達摩耶　南無僧伽耶

namo buddhāya namo dharmāya namaḥ saṃghāya

南無(namo)

是禮敬之意，依後接字之不同梵文爲namaḥ或 namo。

佛陀耶　達摩耶　僧伽耶(buddhāya dharmāya saṃghāya)

佛陀耶（buddhāya），是佛陀。達摩耶（dharmāya），是

法。僧伽耶(saṃghāya)，是僧。在此三者皆是與格(間接受格)。

佛法僧三者合稱三寶。三寶的對應梵文是ratna-trayāya。ratna是寶，在大悲咒中音譯爲「喝囉怛那」，在愛華版的十一面觀音咒中譯爲「惹納」；trayāya是三，在大悲咒中譯爲「哆囉夜耶」，十一面觀音咒中譯爲「達拉雅雅」。此二咒皆只提及三寶，而未列出佛法僧三者。

如意輪咒的多種漢譯本中，事實上只有義淨譯本將佛法僧全譯出而成爲「南無佛陀耶　南無達摩耶　南無僧伽耶」，其他譯本皆與大悲咒、十一面觀音咒相同，只用禮敬三寶(亦即：娜謨囉怛那怛囉野耶)一語帶過，並未分稱佛法僧。1937年金慧暢所編的《安樂妙寶》也只用音譯提及三寶。不過這種分別禮敬佛法僧三者的情形，在十小咒中還有〈功德寶山神咒〉與〈善女天咒〉二者。

2.南無觀自在菩薩摩訶薩　具大悲心者

此段爲意譯文而不是音譯文，在《大正藏》所收幾個與如意輪咒有關的經文中，只有義淨採用意譯，餘皆音譯。

此段咒文在觀音系統咒語中很常見，如在84句415字的大悲咒中爲第2至第6句，在十一面觀音咒是第3段，且爲音譯文。大悲咒中的句數與音譯文是：

(2)南無阿唎耶（nama āryā ，禮敬聖）

(3)婆嚧羯帝爍鉢囉耶（valokiteśvarāya，觀自在）

(4)菩提薩埵婆耶（bodhisattvāya，菩薩）

(5)摩訶薩埵婆耶（mahā-sattvaya，摩訶薩）

(6)摩訶迦盧尼迦耶（mahā-karuṇikāya，具大悲心者）

（詳情請參考本書大悲咒與十一面觀音咒二文）

這種譯出文意的譯法，在十一面觀音咒也可見到，如玄奘譯本就將怛姪他（達地雅他，即說咒曰）之前的咒語內容完全意譯爲「敬禮三寶！敬禮聖智海遍照莊嚴王如來！敬禮一切如來應供正等覺！敬禮聖觀自在菩薩摩訶薩大悲者！」最後一句譯文即本段內容。安樂妙寶中如意輪咒的此段內容也採音譯，而非意譯。

3.怛姪他 tadyathā

此句常意譯爲「即說咒曰」，其後爲咒語中心內容，其前爲歸敬文。

4.唵　斫羯囉伐底　震多末尼　摩訶鉢蹬謎

oṃ cakra-varti cintā-maṇi mahā-padme

斫羯囉(cakra)和伐底(varti)

斫羯囉（cakra），是輪。伐底（varti），是轉。合起來常譯爲轉輪，如轉輪聖王的梵文是 cakra-varti-rāja。

震多(cintā)和末尼(maṇi)

震多(cintā)本來是思惟的意思，而末尼(maṇi)是寶珠的意思，二者合起來在佛教的專有名詞裏常譯爲如意，如意珠、如意寶或如意寶珠。

摩訶(mahā)

是大。

鉢蹬謎(padme)

是蓮花。蓮花一字在本咒大、中、小三咒中皆有，大咒中是padme（與格），譯爲鉢蹬謎；在中咒中是padma（主格），譯爲鉢蹋摩；在小咒中是padme（與格），譯爲鉢亶謎。d可譯成蹬、蹋、亶，由此可見本咒漢音用字相當自由。

5.嚕嚕　嚕嚕　底瑟吒　爍囉

ruru ruru tiṣṭha jvala

義淨譯本連用二次嚕嚕，但其他譯本皆只出現一次。

嚕嚕(ruru)

文意不明，但卻是個咒語中常見的字，有些學者認爲它有趕快(hurry 、 quick)之意。

底瑟吒 (tiṣṭha)

相當於英文的stand ，不過在梵文用法中除了有站立(stand)的意思外，有時也有停止(stop)以及等待(wait)之意。

爍囉(jvala)

義淨譯爲「篅攞」，通行課誦本是「爍囉」，菩提流志與不空譯爲「入嚩囉」，是火焰、光明的意思。十一面觀音咒的倒數第二字「作哈啦」也是此字。

6.阿羯利沙夜　吽發　莎訶

ākarṣaya hūṃ phaṭ svāhā

阿羯利沙夜(ākarṣaya)

來自ākarṣa，是牽引（dragging）、吸引（attraction）、勾召的意思。

吽發(hūṃ phaṭ)

也有譯爲「吽發吒」，是咒語中常見的結尾語，常用於驅趕的用途，藏音念成hong pei。據日本學者田久保周譽的看法， phaṭ 來自 sphaṭa ，是破壞的意思。

莎訶(svāhā)

是咒語常用的結尾語，有吉祥、圓滿之意。此字大悲咒中用了十四次。「莎」若用台語來念，很接近 svā 。

二、中咒（或稱大心咒、心咒）

唵　鉢蹋摩　震多末尼　爍攞　吽

oṃ padma cintā-maṇi jvala hūṃ

本咒中的用字皆已見於根本咒中，唵(oṃ)是常見的咒語起始語，鉢蹋摩(padma)是蓮花，震多末尼(cintā-maṇi)是如意寶珠，爍攞(jvala)是火焰、光明，吽(hūṃ)是咒語的結尾語。（通行本中的爍字義淨原用篇）

三、小咒（或稱隨心咒）

唵　跋喇陀　鉢亶瓍　吽

oṃ varada padme hūṃ

唵(oṃ)與吽(hūṃ)

是咒語常見的起始語與結尾語。

跋喇陀(varada)

是 granting wishes（應允所求）、 conferring a boon（賜予恩澤）、 ready to fulfill reguests or answer prayers（可滿足所求或回應祈請）之意，傳統佛典常譯為施願、勝施、與願。

鉢亶瓍(padme)

是蓮花之意。

重複的咒語用字協助記憶

我常說，梵文咒語很容易學習與記憶，理由是咒語用字不多且常重複，只要學會幾個梵字，就可輕易學會咒語，從以上的說明又可得一印證：只要會念大悲咒或十一面觀音咒，就已學會如意輪咒的前半內容；只要會念六字大明咒，就已學會如意輪大中小三咒中皆有的鉢蹬謎、鉢蹋摩、鉢亶謎(padme ，蓮花)。

建議讀者不要懼怕學習，只要認眞學會幾個咒做開始，接著要繼續學習其他咒語就很輕易快速了。

註釋：

註一　在《大正藏》中收有菩提流志《如意輪陀羅尼經》(T-20，1080)、義淨《佛說觀自在菩薩如意心陀羅尼咒經》(T-1081)、及實叉難陀(T-1082)、寶思惟(T-1083, 1084)、不空(T-1085,1086)、金剛智(T-1087)、解脫師子(T-1089)及慈賢(T-1090)等多種資料。

註二　如菩提流志、實叉難陀、寶思惟、不空、金剛智、解脫師子及慈賢等譯本皆是。

消災免難真歡喜

消災吉祥神咒

佛教咒語雖然數量衆多，且現代顯教佛教徒每日朝時課誦會誦持〈楞嚴咒〉、〈大悲咒〉與十小咒等，但傳統上禪宗所用咒語並不多。以《百丈清規》(T-48, 2025, 48, p.1109)的內容來看，禪宗最常用的咒語是楞嚴咒與大悲咒，此外，還誦〈無量壽咒〉、〈消災咒〉、〈大雲咒〉及〈往生咒〉。消災咒的用法見於該清規〈卷第一・報恩章第二〉的「祈禱」項下，主要用於「祈晴祈雨」。

佛教徒常誦的十小咒之一

藍吉富教授主編的《中華佛教百科全書》(卷四， p.3583)指出：消災咒是禪林內所使用的四陀羅尼之一，是除去各種災難、成就吉祥的神咒。

消災咒在十小咒中名爲〈消災吉祥神咒〉（註一），依原經所載，此咒適用於：天文惡相引起的災難；宿世冤家欲相謀害；及諸惡、橫事、口舌、厭禱、咒詛以爲災難者。此咒的功效咒名即可看出，依不空譯本有：「至心受持讀誦，一切災難皆悉消滅，不能爲害」；「受持讀誦此陀羅尼者，能成就八萬種吉祥事，能除滅八萬種不吉祥事」；「令諸衆生依法受持，一切災難悉皆消滅，不能爲害，變災爲福，皆得吉祥」。

梵漢咒語對照

茲列出本咒梵漢對照如下：

曩謨　三滿哆　母馱喃　阿鉢囉底賀多
舍娑曩喃　怛姪他
唵　佉　佉　佉呬　佉呬　吽　吽
入嚩囉　入嚩囉　鉢囉入嚩囉　鉢囉入嚩囉
底瑟奼　底瑟奼　瑟致哩　瑟致哩
娑發吒　娑發吒　扇底迦　室哩曳　娑嚩訶

namaḥ samanta buddhānāṃ apratihata
śāsanānāṃ tadyathā
oṃ kha-kha khahi-khahi hūṃ-hūṃ
jvala-jvala prajvala-prajvala

tiṣṭha-tiṣṭha　ṣṭri-ṣṭri

sphaṭ-sphaṭ　śāntika-śriye　svāhā

咒文的音義

本咒大部份內容皆有文字意義，茲逐字說明如下：

1.

梵文拼音	namaḥ
通行漢音	曩謨

曩謨(namaḥ)

此字原形爲namas，英文是to pay homaye to；漢文是禮敬之意，一般常音譯爲南無，最後一字因連音規則受下一字samanta的首字母s影響，會由s變ḥ，因此變成namaḥ。

2.

梵文拼音	samanta
通行漢音	三滿哆

三滿哆(samanta)

此字英文是universal、entire、all；漢文是普遍、周圍之意。

3.

梵文拼音	buddhānāṃ
通行漢音	母馱喃

母馱喃(buddhānāṃ)

此字是佛陀(buddha)的複數屬格。

1 、 2 、 3 合起來是禮敬一切諸佛，或歸命遍一切處諸佛的意思。

4.

梵文拼音	apratihata
通行漢音	阿鉢囉底賀多

阿鉢囉底賀多(apratihata)

此字來自 a+pratihata 。 a（阿）是個否定接頭詞，英文是un；漢文是不之意。此種否定用法很常見，如阿彌陀是 a+mita ，無限量之意；阿彌利多是 a+mṛita ，不死之意。鉢囉底賀多(pratihata)是prati√han的過去分詞，英文是 struck 、 obstructed 、 disliked 等意；漢文常譯爲違害、障礙、破壞。阿鉢囉底賀多(apratihata)英文是 unobstructed 、 uneffected 、 uninjured 、 undestructible；漢文常譯爲無礙、無障礙、無所危害、無能勝過。

5.

梵文拼音	śāsanānāṃ
通行漢音	舍娑曩喃

舍娑曩喃(śāsanānāṃ)

本字是舍娑曩(śāsana)的複數屬格，同本咒第3字的母馱喃(buddhānāṃ)的字尾變化，英文是punisher、instructor；漢文常譯爲教、教法、聖教、法、佛法、威伏、能伏等意。

4、5合起來可解釋成無能勝的教法或無上的佛法。八田幸雄譯爲無惱害的諸教法，坂內龍雄譯爲無上的諸教誡，有賀要延譯成無能害者。

一般課誦本會將第4字最後的「賀多」與本字最前面的「舍」連起來，而念成「賀多舍　娑曩喃」，這是由於對原梵文不瞭解而導致的斷點不合理現象。若瞭解梵文原文，這種情形就不會發生，這也是我們主張使用梵文念誦咒語的主要原因之一。

6.

梵文拼音	tadyathā
通行漢音	怛姪他

怛姪他(tadyathā)

本字英文常譯爲it runs like this；漢文常譯爲「即說咒曰」。此字之前是歸敬文，之後是咒語正式內容。

7.

梵文拼音	oṃ
通行漢音	唵

唵(oṃ)

這是咒語常用的起始句，〈六字大明咒〉「唵嘛呢叭咪吽」的第一字就是此字。

8.

梵文拼音	kha kha
通行漢音	佉 佉

佉(kha)

英文是 hollow 、 cavity 、 sky 、 heaven ，漢譯是虛空、天空、竅。

9.

梵文拼音	khahi khahi
通行漢音	佉呬 佉呬

佉呬(khahi)

此字原意不明，可能只取音效。田久保周譽認爲是kshi的誤用，此字有破壞之意；渡邊照宏認爲此字來自khād，有破壞、嚼食、噉食之意。部份學者還原的梵文其a爲長音，即khāhi，不過絕大多數的資料皆使用短a，即 khahi 。

10.

梵文拼音	hūṃ hūṃ
通行漢音	吽 吽

吽(hūṃ)

這也是咒語常用字，如上述六字大明咒最後一字就是。

11.

梵文拼音	jvala jvala
通行漢音	入嚩囉　入嚩囉

入嚩囉(jvala)

此字英文是flame，漢譯爲火、光明、熾盛。本咒又名熾盛光佛頂眞言，應與此字有關。此字在咒語中很常見，如〈十一面觀音咒〉及〈光明眞言〉中皆可見此字。

12.

梵文發音	prajvala prajvala
漢文發音	鉢囉入嚩囉　鉢囉入嚩囉

鉢囉入嚩囉(prajvala)

此字由鉢囉(pra)＋入嚩囉(jvala)而成。pra是個接頭詞，英文是forth、away、in front of；漢譯是前、先、進等意。此字頭也有very、much、great之意，如是漢文則譯成極、甚、勝。prajvala英文爲to begin to burn、to set on fire、light等意；漢文是開始燃燒、點火、發光等意。此字也有to illustrate、explain，即教說、解釋、說明之意。

13.

梵文拼音	tiṣṭha	tiṣṭha
通行漢音	底瑟姹	底瑟姹

底瑟姹(tiṣṭha)

本字來自√sthā 的字根，英文是 stand ，漢文是站立之意。

14.

梵文拼音	ṣṭri	ṣṭri
通行漢音	瑟致哩	瑟致哩

瑟致哩(ṣṭri)

此字原意不明，可能只取音效。田久保周譽、八田幸雄與坂內龍雄等將其解釋成「星星」，有賀要延的梵文寫成ṣṭhirī，解釋成「秘」。T-963 與 T-964 在「瑟致」後註有二合，所以有賀的ṣṭhirī 也屬正確，因 ṣṭri 應爲三合。

15.

梵文拼音	sphaṭ	sphaṭ
通行漢音	娑發吒	娑發吒

娑發吒(sphaṭ)

此字英文是burst、expand、hurt，漢文是破裂、膨脹、傷害之意。此字田久保周譽、八田幸雄與坂內龍雄皆還原成sphuṭ；但淨嚴的《普通眞言藏》與《教令法輪》(T-

966）中的悉曇字皆寫成 sphaṭ；有賀要延也寫成 sphaṭ；大藏全咒新編作 sphoṭa。sphuṭ 與 sphaṭ 意思相近，英文是 burst、expand、blossom、disperse 等意。

還原梵文各家較有爭執的是「瑟致哩」與「娑登吒」：田久保周譽認爲是 stri、sphut；有賀要延認爲是 ṣṭhirī、sphaṭ；淨嚴的悉曇字本同教令法輪中的資料，爲 ṣṭri、sphaṭ，不過最後缺一次「瑟致哩」，又缺「扇底迦室哩曳」；而大藏全咒新編寫成 cchiri、sphoṭa。

16.

梵文拼音	śāntika śriye
通行漢音	扇底迦 室哩曳

扇底迦（śāntika）

扇底迦(śāntika)英文是 propitiatory、producing or relating to ease or quiet，漢文常譯爲息災、消除災害、平和、柔善、撫慰。

室哩曳（śriye）

śriye 來自 śri，英文有 light、splendour、glory、beauty、grace、prosperity 等意，漢文常譯成妙善、威力、吉祥、勝利、繁榮等。

15、16 二者合起來譯成消災吉祥或平和繁榮，本咒名爲消災吉祥即是由於此句。

17.

梵文拼音	svāhā
通行漢音	娑嚩訶

娑嚩訶(svāhā)

是咒語的常用結尾語，有圓滿吉祥之意，通常音譯爲娑婆訶或莎訶。藏文念成 soha 。

註釋：

註一　消災咒在十小咒中名爲消災吉祥神咒，此咒出自《佛說熾盛光大威德消災吉祥陀羅尼經》(唐．不空譯，T-19, 963, p.337b)，爲釋迦牟尼佛所說。《大正藏》中另收有唐代失譯的異譯本，名爲《佛說大威德金輪佛頂熾盛光如來除一切災難陀羅尼經》(T-19, 964, p.338b)。咒名在前者爲：熾盛光大威德陀羅尼；後者爲：大威德金輪佛頂熾盛光如來消除一切災難陀羅尼。

此外，此咒也見於宋．遵式撰《大聖妙吉祥菩薩說除災教令法輪》(T-19, 966, p.344c)，及《熾盛光道場念誦儀》(T-46, 1951, p.980b)，前者名爲熾盛光佛頂眞言，後者名爲熾盛光大威德陀羅尼。前者附有悉曇字，並清楚在漢譯「吒」字下註上「半音」，以說明此字只有子音無母音；悉曇字也寫成 t 而非 ta ，此二點在還原梵文時很值得參考。

發財聚寶

毗沙門天王咒

台灣近年藏密十分流行，許多藏密文物相繼展出，如去(1999)年元月在國父紀念館的「藏傳佛教藝術首次世界巡迴展——慈悲、智慧大展」，引起相當熱烈反應。今年二月在台北鴻禧美術館的「熱河行宮——清宮密藏文物展」，也受到極大的歡迎。此次展出並配合一系列演講活動，其中一場由藍吉富教授主講「毗沙門天王之信仰」，演講中藍教授給我十五分鐘，為會眾解說〈毗沙門天王咒〉。

本文首先依某佛學知名學者以「兩撥子」的筆名所輯的：《毗沙門天王法彙》及其他資料，簡介毗沙門天王的基本資料如下：

四大天王中的北方多聞天

有關毗沙門天王的典故很多（註一），毗沙門天王是四大天王中的北方多聞天，住於須彌山北面，守護閻浮提的北方，是位掌管財寶富貴、護持佛法的善神。他是天界諸神中最爲熱心護持佛教徒的神祇之一，在四大天王中，他與佛教徒的關係最密切。

在漢地，毗沙門天王像通常是披甲冑、著冠相，腳踏二鬼，左手仰擎寶塔，右手持寶棒，所以俗稱「托塔天王」。在藏密，其像則常爲右手持寶幢或寶傘與龍蛇，左手捧口吐各種珍寶的寶鼠，坐於伏地之白獅子上。不少以求財爲主的信徒認爲，此天王掌管財寶無盡之天庫，且此鼠能招財進寶。而日本的畫像，除了手持寶塔的天王單獨一人外，也有與其夫人（即吉祥天女）及太子（即善日童子或哪吒）一同的三人像，如以毗沙門天王協助聖德太子戰勝而改名的日本信貴山朝護孫子寺（又名信貴山寺），就印製了這種三人畫像讓信徒供養膜拜。

他和哪吒太子的故事，是封神榜等古典小說與戲曲的素材。他除爲十二天像之一外，亦被單獨尊奉；又因能賜福德，故亦爲七福神之一。

佛教的守護神

毗沙門天王是聲聞乘、菩薩乘、密乘佛教所共同推舉的護法神。《大集經》中明確記載：守護閻浮提界的佛教地區，是過去、現在與未來諸佛所一致囑咐毗沙門天王的重責大任。而且，毗沙門天王也曾在佛前誓願：護持奉行與誦持《金光明經》與《法華經》等大乘經典的人。此外亦有記載他護持修行者的故事：如

《賢愚經》中載有毗沙門天王如何幫助一位女信徒，供養舍利弗、目犍連尊者的故事；《增一阿含經》也記載他幫助梵志修得阿羅漢果的典故。

由上可知，毗沙門天王不僅是密教增益法法門中重要的本尊之一，也是佛教經典中共同記載的守護神。這是他與其他守護神不共之處，其他守護神或因宗派不同，所被認定守護的角色往往不同而且有限。顯教常將他當成守護神及財神，藏密以其爲財寶天王。

部份密教徒只尊毗沙門天王爲財神。事實上毗沙門天王的大願力與加持力，不僅在幫助佛教徒求財，也希望衆生皆能「利益安樂、遠離諸厄難、滿諸勝願、獲大智慧，乃至天眼通，壽命俱胝歲」等。可見只視天王爲財神，實在窄化了他的宗教功能，也弱視了他的大願力與加持力。

毗沙門天王有時亦被視爲戰勝之神而受到尊崇，因他與其太子哪吒都具有隨軍護法的願力。相傳唐玄宗天寶元年（西元742年）西蕃、康居等國侵擾邊境，唐玄宗請不空三藏祈求毗沙門天王護持，不空法師作法後，果然感得天王神兵鼓角喧鳴，出現於西方邊境的雲霧間，終於使蕃兵潰走。這是佛教史籍所載天王幫助唐軍擊退外敵的故事。在日本聖德太子征服物部守屋之前，曾在信貴山向此天王祈求協助並獲戰勝，目前仍留有部份事蹟。而一些有關日本古代戰爭的電視或電影，也常見軍士們手持書有漢字「毗沙門」的軍旗奮勇前進。此外他也蒙佛於涅槃前付囑，在末來世當邪見王毀滅佛法時，必須出來護持佛法。因此若僅稱毗沙門天王為財神或戰神，不如尊其為佛教徒的守護神更為恰當。

祈求天王護持的方法

佛教徒若想得到天王的護持，最重要的原則是：堅守佛教徒本份，誠懇、老實地奉行佛陀的教誨。若能如此，即使不主動祈求，毗沙門天王及其眷屬也會暗中護佑。若想直接祈求天王法力加被，依佛典記載的方法約有下列幾點：

1.供奉毗沙門天王像，經常持誦《毗沙門天王經》，並依該經指示祈求。

2.供奉毗沙門天王像，經常持誦毗沙門天王心咒。

3.持誦金光明經、大集經·毗沙門天王品、法華經等大乘經典，供奉毗沙門天王，並讚嘆天王的菩薩行。

4.密教徒可依東密或藏密規矩，祈求具德上師傳授毗沙門天王法，或做毗沙門天王護摩法。

5.寺院可視規模大小增設四大天王殿或毗沙門天王殿，或僅供奉天王像。

6.居士道場或一般佛教集會場所，可供奉毗沙門天王像，並尊為道場的守護神。

毗沙門天王是正信佛教的守護神，修持毗沙門天王法或供奉天王像，與正信佛法並不抵觸，並可相輔相成。佛教道場、平常有固定早晚課或恒修某一本尊的顯密同修，可依上述六點任一項，兼奉毗沙門天王。在家佛子若欲消災解厄、增進福祉，只要誠心祈求毗沙門天王加被，常會有意想不到的效果。上文所述的兩撥子先生就有多年親身體驗，此因緣也是他會出版《毗沙門天王法彙》的主要原因。

和財神咒的區分

近年來有關咒語的音樂帶出版愈來愈多，其中也有一些毗沙門天王咒。藏密有些宗派雖將毗沙門天王當黃財神，但或因藏密宗派傳承系統不同，有些〈黃財神咒〉並非毗沙門天王咒，如諦聽文化事業公司出版的「黃財神咒」即爲一例。而全佛文化出版社之「財寶天王咒」，及原動力文化發展事業有限公司出版的「西藏財神咒Fortune Chant」，皆是毗沙門天王咒。前者的咒語性很強，後者的音樂性很好，皆值得細細品味聆聽，尤其是後者具有新世紀與搖滾的音樂風格，非常特別。

在此想提醒的是，持咒就是持咒，千萬不要讓旋律完全掌控我們的思緒或念頭，這點非常重要。上述兩個錄音帶及CD的銷售都不錯，反應大衆對此咒的重視，也顯示其已漸普及，對安和樂利、富庶豐饒的社會是個好現象。

毗沙門天王咒的音義

其次列出毗沙門天王咒的梵文轉寫、悉曇梵文、三種不同漢字音譯、藏文及其轉寫與念音，並逐字釋義。毗沙門的梵文悉曇種子字爲「𑖪𑖹 vai」，藏文種子字爲「བཻ bai」，皆取自梵文及藏文名字的第一個字。所謂種子字是指用一個字代表一尊佛、菩薩、或天王等，其用法有點像有些人寫信時簡稱 Jennifer 爲 J 、Tony 爲 T 一樣。

以上三種漢字音譯錄自不同經典，是由不同譯者所譯，但都極接近原梵音。藏文轉寫的梵文「b」與「v」通常不分，因此與梵文有「bai」與「vai」之不同；而兩種通行藏音都有人念誦，拼音雖有「v 、 m」之別，但皆正確。

茲逐字解釋如下：

毗沙門天王咒

1.梵文轉寫	oṃ vaiśravaṇāya svāhā
2.梵文悉曇	𑖌𑖼 𑖪𑖹𑖫𑖿𑖨𑖪𑖜𑖯𑖧 𑖭𑖿𑖪𑖯𑖮𑖯
3.漢譯一	嗡　百夏哇那也　娑　哈
4.漢譯二	唵　吠室囉摩拏野　娑縛賀
5.漢譯三	唵　吠室羅拔那也　娑　訶
6.藏　文	ཨོཾ་ བཻ་ཤྲ་ཝ་ཎ་ཡེ་ སྭཱ་ཧཱ།
7.藏文轉寫	oṃ baiṣravaṇaye svāhā
8.通行藏音一	oṃ besavanaye soha
9.通行藏音二	oṃ besamanaye soha

一、「oṃ」是極讚之意：

M. Monier-Williams 所編《梵英字典》中說此字是神聖的誓言，也有 yes、so be it 之意。梵文的 o 有時來自 a ＋ u 的連音變化，因此有人將 oṃ 寫成 auṃ。此字是咒語、祈禱語常用的起始語。

《守護國界主陀羅尼經》（T-19, 997, p.565）卷九說：

> 佛告祕密主言：善男子！陀羅尼母，所謂唵字。所以者何？三字和合為唵字故：謂婀(a)、烏(u)、莽(ṃ)。一、婀(a)字者；是菩提心義，是諸法門義，……又法身義。二、烏(u)字者；即報身義。三、莽(ṃ)字者；是化身義。以合三字共為唵字，攝義無邊，故為一切陀羅尼首。與諸字義而作先導，即一切法所生之處，三世諸佛皆觀此字而得菩提，故為一切陀羅尼母。一切菩薩從此而生，一切諸佛從此出現，即是諸佛、一切菩薩諸陀羅尼集會之處。

這段文字清楚地說明了「唵」字的意義及用法，可說是「唵」字的最佳解釋。「與諸字義而作先導，即一切法所生之處」，難怪會「攝義無邊，故爲一切陀羅尼『首』」，因此當然常用爲咒語的起始語。此外，「雖不說餘而無不攝」，及「雖說一字無所不收」，把一切都含蓋了，因此「爲一切陀羅尼『母』」，所以「一切菩薩從此而生，一切諸佛從此出現，即是諸佛、一切菩薩諸陀羅尼集會之處」。

二、「vaiśravaṇāya」是 vai-śravaṇa 的與格(dative)變化

vai 是接頭詞 vi 的長音型，梵英字典說此字有 variety 、apart 、 difference 、 distribution 等意，是「多、離、普、遍」等意思的接頭詞。

śravaṇa 有 the act of hearing 、 acquiring knowledge by hearing 、learning 、 study 、 fame 、 reputation 等意；爲「聞、聽、聽受、聽聞、樂聞、諦聽、正法」之意。

vaiśravaṇa 合起來爲「遍聞、普聞、多聞」之意。漢譯爲多聞、財主、多聞子等，音寫爲毘沙門、毗沙門、薛室羅末拏等等。

āya 爲梵文名詞的「爲格」或「與格」（dative）語尾變化，類似英文的「to（向）」或「for（爲）」的同法，相當於現代英文文法裏的間接受詞。但一般英文的 to 或 for 是放在名詞前面當前置詞，而(a)ya 則接在名詞後，以字尾表示其爲「與格」。咒語在文法上常用本尊名號的與格型，用於表示禮敬或祈求的對象。

俗語(prākrit)中， vai 有時會變成 vi 或 ve ， śra 會變成 sa ，因此此字的巴利文變成 vesavaṇa 。另外 va 有時會再變化成 ma ，所以此字的梵文也可能寫成 vaiśramaṇa，巴利文則作 vesamaṇa。漢字音譯作「摩」；也是藏語會念成 besavana 或 besamana 的理由。正式的藏文羅馬拼音爲「baiśravaṇaye」，如前述藏文轉寫梵文時 b 與 v 常不分，且與格的長音 ā 常成短音 a 。

vaiśravaṇa 的漢音會譯成毗沙門，可能與此經最早是經由于闐與龜茲等地傳來有關， vai 用毗來音譯，從台語來看應屬正確；而巴利文的 samaṇa ，在于闐文爲 ssamanā ，在龜茲文爲 samane，做漢字音譯時依當時常見的去掉最後一個音的方式，只譯成沙門(saman)也很平常。

順便一提，毗沙門天王另外有一名字爲 kubera ，或稱爲 kuvera ，傳統漢字音譯多譯爲「俱吠囉」或「鳩鞞羅」，在日本則常譯爲「金毘羅」。

三、「svāhā」是祝福語

梵英字典說有 hail 、 hail to 、 may a blessing rest on 等意。此字已固定放在咒語最後當結尾語，漢譯爲「成就！吉祥！圓滿！」。

梵文的「v」發音接近英文的「w」，因此 svāhā 念起來接近 swāhā 。又唐音的「沙」音應接近 swā ，因此有人將 svāhā 譯成「莎訶」。而娑婆訶的「娑婆」是種「二合」的譯法，即第一個漢字取子音（聲母），而第二個漢字取子音加母音（韻母），因此「娑婆」念成 sva，若再加個「引」以表長音，就變成 svā 。

印順導師在《般若經講記》最後一頁說道：「『娑婆訶』這一句類似耶教禱詞中的『阿門』，道教咒語中的『如律令』。」這種比喻應是向現代人解釋「娑婆訶」最簡單明瞭的說法。

毗沙門天王咒由「oṃ ＋天王名的與格＋ svāhā」的方式所組成，這是典型的「天」的咒語組成法。如大黑天（Mahākāla）的咒語也是如此，其咒語爲 oṃ mahākālāya svāhā。另外三個天王咒的組成也非常類似，但在咒語中多加了幾個字，如增長天是加上「藥叉之主(yakṣadhipataye)」，廣目天則是加上「龍之主(nāgādhipataye)」。而摩利支天幾種不同咒語中，最簡單的是oṃ marici svāhā，也是以類似的方式組成。

註釋：

註一　分別散見於《長阿含經》、《大方等大集經》、《法華經》、《金光明經》、《陀羅尼集經》、《四天王經》、《大毗婆沙論》、《俱舍論》、《瑜伽師地論》、《法苑珠林》等等。而專論毗沙門天王的經典，在《大正藏》第二十一卷自編號1244起至1250止，共收錄《毗沙門天王經》七部。

附錄

咒語的解謎者—林光明

◎辜琮瑜

穿過民生社區一條寧靜而有著濃密綠蔭的小巷，位於一樓的貿易公司，入門優雅的日式庭園、屋內明亮的辦公桌椅與正握著話筒與來人打招呼的主人，都使人有些意外。尤其是西裝革履，梳著老闆頭的林光明，笑起來很海派的模樣，很難把他與〈大悲咒〉、〈往生咒〉聯想在一起。

可是辦公室裡卻有一角佈置得極爲特殊，一落大書架裡擺滿了《大悲咒研究》與《往生咒研究》等書，才使這個場景與佛教咒語有了連結。

五十歲的林光明乍看之下，就如縱橫商場的老馬，知道哪裡有商機，懂得談判技巧與經營策略；但談起商場外的生活與工作，卻讓人看到他護持佛法，深入咒語的另一面。

豐富的宗教經驗

說到自己深入咒語世界的開端，林光明頓時收起朗朗的笑聲，指著桌上的往生咒研究一書，說書中的自序一切有交代。原來過往的他，曾經在修道院住過七年，大學時則在師大的「中道社」聽聞佛法；加上朋友介紹、親人加入的新興宗教，更使他的「宗教經驗」遠較他人豐富。但最重要，也是讓他能夠接受佛教的原因，則是與親人的幾次生離死別。

二歲喪父，二十六歲時，不足月出生的雙胞胎中的次子，出生後兩天去世；六年後雙胞胎長子也離開人世。對林光明來說，這些強烈的衝擊，使他對宗教的體悟，除了信仰的層面，更激起想一探究竟的動機。

尤其繼父過世時，亦師亦友的佛教學者藍吉富前來幫忙，並於助念過程中虔誠誦持往生咒，讓他對此產生強烈好奇，想了解何以講究證據的學術研究者也會對咒語如此信受，而這一念好奇，從此為他開啟了為咒語解謎的辛苦路程。

笑說自己資質駑鈍的林光明，向來念書就有「不懂就記不得」的毛病，所以短短的往生咒，只因不解其義，所以即使每天數十遍、連續誦持數週，結果還是無法熟記。為了解決自己的困境，也相信有很多人與他一樣，都有「不懂就無法熟記」的苦惱，因此發願要深入這個謎一般的世界，好好了解究竟咒語是怎麼一回事。

不過從好奇到無怨無悔地堅持走著這條咒語不歸路，林光明笑說，彷彿冥冥中有一個力量在牽引自己。他謙稱自己沒有受過佛學訓練，所以只能做文獻比對的工作；同時正好英文、日文、韓文、德文、梵文都懂一點，梵文悉曇字也懂一些，所以視他如兄弟的已故佛教學者傅偉勳就鼓勵他：「你這樣的條件組合起來，最適合做咒語的整理了。」

因此每當有人好奇，他爲何願意從事這看似無趣而繁瑣的咒語整理工作，並懷疑是否曾有持咒靈驗的事蹟時，他就會靦腆的說：「沒有發願，也不可能從中得到名利，反而花了好多財力與心力，不過就是覺得應該去做，或許父親與兒子是助緣吧。」但面對朋友笑說他「這輩子大概就是要來完成這些工作」的玩笑話，他倒是有點當眞。

搜集資料在所不惜

其實在這之前，林光明已經投入佛典新譯工作好幾年了，而對咒語發生興趣後，就像當初翻譯《心經》與《金剛經》一樣，他開始搜集各種語言的往生咒版本，從最初的源頭梵文開始，到蒙、藏、國、台、日、韓語等，幾乎囊括了全世界可能搜集得到的版本，然後透過電腦一一加以比對，並把這些咒語以簡潔明白的英文、白話中文加以譯出，希望只懂得基礎英文、中文的現代人，也都能馬上理解過去被視爲深奧而難解的咒語。

提到咒語的種種，不論是典故、語法結構，或古書上的特殊記號，甚至現代人難以理解的聲韻符號，林光明都能如數家珍，讓人清楚感受到他對這個領域的投入與用心。

目前除了原企業外，爲了使自己在咒語、經典上的研究成果，能普及更多人，他還在辦公室裡闢出一角，把這個從感動到引發研究興趣的工作，正式成爲一項準備久遠經營的事業。

他不但沒有因爲工作忙碌，放棄原來所做的經典今譯，反而把咒語解謎加入未來的計畫中，而排出一系列解謎的順序，希望將漢藏佛教中所用的咒語一一處理，從咒語來源、持咒功效、各種語言的比對到讀音的確立，都用他一貫的「科學化」的方式處理，希望大家都能因爲懂得咒語的含意，進而接近它們，背誦並經常持誦。

而這種用心，也正是林光明在面對所謂梵文漢譯「五不翻」原則(註一)中的「秘密不譯(編按：即指咒語)」質疑時，仍能堅持從事這項工作的原因。他解釋道，現代人已經不再能滿足於「不懂意義」的學習了，尤其咒語是讓人熟記之後純熟誦念用的，如果不懂意義，不但很難記誦下來，也會阻礙現代人想學習的動機。但是他也強調，一旦熟記之後，大部份的人也不會一邊背誦一邊去想意義，所以就使用時的狀況而言，效果是一樣的。

而爲了達到這樣的目的，林光明也經常受邀到各地講解咒語，尤其在如何快速背誦長串咒語的技術上，特別演練出一套「林光明式背誦法」，除了演講，也出版錄音帶，希望能把正確了解咒語、背誦咒語的方法推廣出去。

他興致勃勃地說，只要從架構入手分析，就能找出它們的內在結構，原則上不外乎第一段的皈敬文，然後是進入正文之前必然有的一句開場白「即說咒曰」，之後就進入中心內容，最後是祈願祝禱與結尾文。經過他的解說，咒語似乎有了生命，不再那麼難以解讀。

而原本就因爲需要奔波於世界各地經營企業的林光明，近年來更因爲把心力投注在佛經與咒語的整理上，使得原本一天只有

三、四小時，甚至更少的睡眠，品質變得更差，而發現身體違和。

生死關卡的試煉

面對自己的病，也許是宗教力量，也許是天生性格明朗，也許是早已陪伴親人度過幾次生死關卡，林光明看起來仍然朗闊一如往昔。他表示，近日在藍吉富夫婦，以及周遭親友的鼓勵之下，比過去更努力、專注於咒語的研究，同時不斷發表研究成果。

不過一個人走在這條路上，也有些寂寞，林光明還是希望那些研究高手們也願意從這種文獻比對的基礎下手研究，他笑著說：「我願意提供手邊的資料，給大家當作起步的資料庫，畢竟花那麼多力氣、資本與資源搜集而來的東西，不應該浪費掉。」談到這裡，他忍不住又透露了一項破記錄的成績：「光是心經，我就找到五百種不同的譯本，幾乎全世界的本子都找來了。」

沒有佛學研究的基礎訓練，也不是專門從事佛學研究的工作，但強調「因緣使然」的林光明卻在這條路上且走且玩了好幾年，而且似乎也沒有想要停下來的念頭。

他感慨地說，其實中國人，尤其是漢傳佛教，應該有人出來做這件工作，不過既然目前沒有學者從事，一般人也沒有足夠的金錢與時間，過去歷史上也找不到支援，自己正好略懂幾種語言，又肯花錢花力氣找資料，似乎這就是自己該當擔起來的工作吧！

發現自己病了之後，他逐漸取消一些不必要的商場應酬，而花更多時間從事這個工作，雖然容顏略顯憔悴，聲音也不像過往那麼宏亮，但是只要朋友邀請，他仍滿口應承，演講也好，寫稿也好，似乎可以用「馬不停蹄」來形容他對解開咒語之謎的積極與毅力了。

爲了提高大家的興趣，喜歡開玩笑的林光明，在每次演講時，都不厭其煩地用咒語編笑話，不但鼓勵自己在這條路上能走得更久遠些，也希望帶動更多人加入這個行列。

註釋：

註一　五種不翻：梵語翻譯成漢語時，有五種情形只音譯不意譯。即：1.爲祕密故，如經中的咒語。2.一語多含義時。3.中國所沒有的事物。4.依循古人所譯。5.因爲尊重所以不譯，如釋迦牟尼、菩提薩埵等。此「五種不翻」的原則爲唐代玄奘大師所提倡，並爲後世譯經者所遵循。

智慧海 39

認識咒語

著者	林光明
出版	法鼓文化
總監	釋果賢
總編輯	陳重光
責任編輯	張晴、張翠娟
美術設計	巴克利工作室
地址	臺北市北投區公館路186號5樓
電話	(02)2893-4646
傳真	(02)2896-0731
網址	http://www.ddc.com.tw
E-mail	market@ddc.com.tw
讀者服務專線	(02)2896-1600
初版一刷	2000年12月
初版十三刷	2021年7月
建議售價	新臺幣250元
郵撥帳號	50013371
戶名	財團法人法鼓山文教基金會—法鼓文化
北美經銷處	紐約東初禪寺
	Chan Meditation Center (New York, USA)
	Tel: (718)592-6593 E-mail: chancenter@gmail.com

法鼓文化

國家圖書館出版品預行編目資料

認識咒語 / 林光明著. -- 初版. -- 臺北市：
法鼓文化, 2000〔民89〕
面；　公分（智慧海；39）
ISBN 957-598-141-3（平裝）

1.祕密部

221.96　　89014636